누구나
쉽고 재미있게

사고력 수학

노크

B7
(9~10세)

입체도형

이 책을 보시는 부모님들께

머리가 좋아야 수학을 잘 한다는 말이 있습니다. 또, 수학을 잘 못하는 아이는 아빠, 엄마의 머리를 물려받아서 그렇다는 등의 난데없는 유전자 논쟁이 벌어지기도 합니다. 하지만 많은 사람들의 일반적인 생각과는 달리 이는 근거없는 이야기입니다. 외국의 한 연구 기관에서 언어, 사회, 수학, 과학의 네 가지 분야 중 어떤 것이 아동의 선천적 재능에 영향을 받는지 조사한 연구 결과를 발표했는데 일반적인 예상과는 다르게 선천적 재능에 영향을 받는 순서는 사회, 언어, 과학, 수학 순이었습니다. 다시 말해, 수학은 여러 학문 분야 중 선천적인 재능보다는 후천적인 환경이나 교육자, 학습자의 노력에 가장 큰 영향을 받는 학문이라 볼 수 있습니다. 수학의 가장 기본이 되는 '수 영역'의 예를 들어 보겠습니다. 아이들이 수를 처음 접하는 시기의 차이는 있지만 실제 수에 대한 감각과 수를 다루는 연습은 생활 속에서의 체험이나 다양한 활동, 학습 속에서 이루어집니다. 즉, 수학의 가장 기본이 되는 수는 선천적으로 가진 재능과는 거의 연관이 없으며 자라나면서 어떤 환경에 놓이는지, 얼마나 많이 수를 생각할 수 있는 기회가 있는지, 나이에 맞는 올바른 학습을 만날 수 있는지에 좌우됩니다. 그러므로 아이의 수학적 발달에 문제가 있다면, 그 아이가 누구를 닮아서 그런지, 지능이 떨어지는지를 따질 것이 아니라 수학적 힘을 기를 수 있는 학습 환경을 어떻게 만들어줄 것인가를 고민해야 합니다.

국제영재교육연구소의 랜즐리 소장은 영재의 기준을 마련하기 위해 여러 연구를 시행한 결과, 영재의 공통적인 특징들을 발견하였습니다. 첫째는 115 이상의 지능지수(IQ), 둘째는 창의력(Creativity), 셋째는 동기적 요소라고 부르는 끈질긴 근성과 과제집착력이었습니다. 이들 세 가지 요소 역시 선천적으로 타고 나는 부분도 물론 있겠지만 대부분 후천적인 학습이나 교육 활동을 통해 기를 수 있는 능력이라는 데에 이의를 제기하기는 힘듭니다.

이처럼 수학적 능력은 후천적 학습 환경에 주로 좌우되며, 특히 어린 시절에는 그러한 경향이 더더욱 두드러집니다. 하지만 우리의 아이들을 둘러싼 수학적 환경을 다시 한 번 돌아봅시다. 초등학교를 들어가기 전부터 과도한 학습량과 무의미한 반복 활동, 이후의 수학 학습에 오히려 방해가 될 정도로 무리한 선행 학습 등의 환경은 아이의 수학적 힘을 길러주기보다는 수학에서 가장 중요한 창의적 사고력을 기를 수 있는 기회를 박탈함과 동시에 수학에 대한 흥미를 급속하게 떨어뜨리게 하여 수학으로 문제를 해결하려는 의지, 즉 수학적 동기를 스스로에게 부여하는 것을 불가능하게 만들어 버립니다. 중요한 것은 남들보다 먼저, 그리고 더 많이 수학적 지식을 머리 속에 주입하는 것이 아니라 태어나서부터 누구나 가지고 있는 수학에 대한 관심, 그리고 수학으로 생각하는 힘을 일깨워주는 것입니다.

수학을 잘할 수 있는 힘, 수학적 잠재력은 이미 여러분 아이들의 머릿 속에 줄곧 있어왔습니다. 단지 어떤 아이는 그것을 찾아내어 드러낼 수 있었고, 어떤 아이는 꼭꼭 숨긴 채 평생 드러나지 않을 뿐입니다. 이러한 수학적 잠재력에 대한 참신한 자극 - 생각을 두드리는 '**노크**'를 제안하려 합니다. '**노크**'는 수학적 지식과 스킬만을 무리하게 밀어넣지 않습니다. 왜 수학을 해야 하고, 어떻게 수학으로 가능한지 끊임없이 스스로 생각하게하는 계기로서의 활동이 되려 합니다. 일상으로부터 괴리된 학문으로서의 수학이 아닌, 삶을 살아가며 반드시 키워야 할 논리적, 합리적 사고력을 기를 수 있는 누구에게나 가장 중요한 경쟁력으로서의 수학을 주장합니다. '**노크**'야말로 새로운 수학 학습의 길을 보여주는 방향타가 될 것입니다.

한 현 조

똑!똑! 사고력 수학

노크의 구성

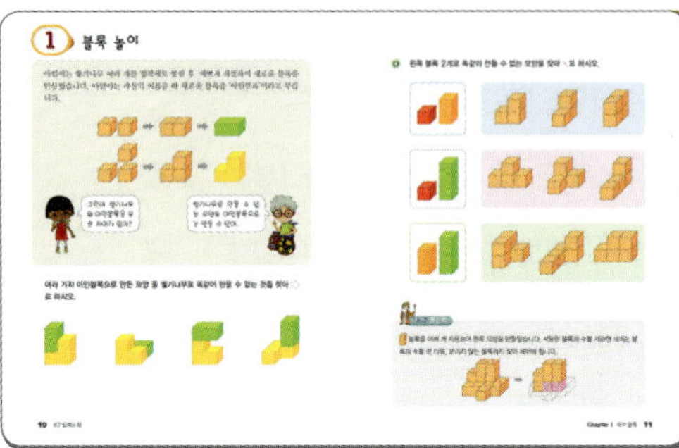

시작 : 생각열기

사고력 수학 주제에 맞는 수학적 상황, 수학사, 생활 속 수학 이야기 등의 자유로운 형식으로 흥미를 유발하고, 수학적 사고를 자극하는 주제별 프롤로그

노크 포인트

문제 해결의 핵심적 원리를 '콕!' 집어서 간결하게 요약한 사고력 수학 주제별 포인트

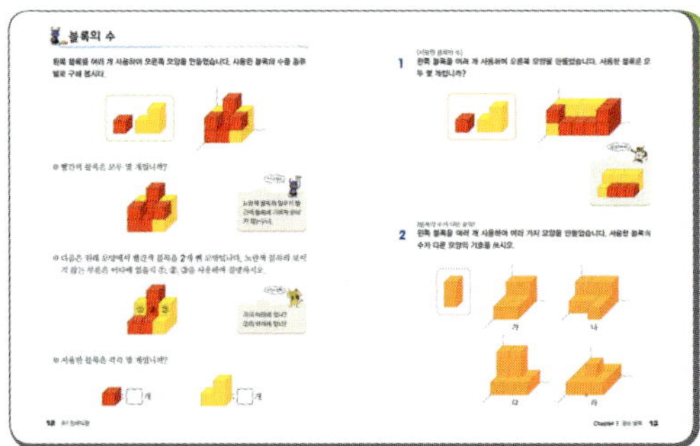

전개 : 유형 탐구

사고력 수학의 대표 유형을 노크만의 새로운 방법으로 차근차근 한 단계씩 익히고 해결하는 단계적 유형 탐구와 이를 통해 익힌 방법적 원리를 적용, 확장하는 확인 문항

잘 생각해 봐!

수학 요정들의 친절한 충고와 꼬마 요괴들의 밉살스럽지만 유용한 조언으로 어려운 발전 문항의 해결을 돕는 문제 해결 도우미 박스

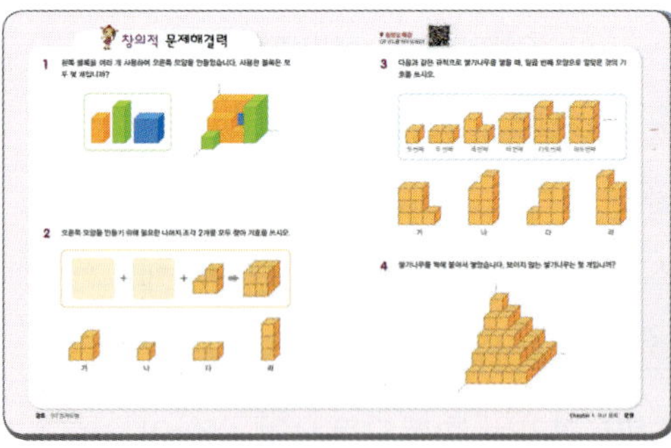

발전 : 창의적 문제해결력

3개의 사고력 수학 주제를 갈무리하는, 한 차원 높은 창의력과 복합적인 사고력을 요구하는 발전 문항의 끝판왕

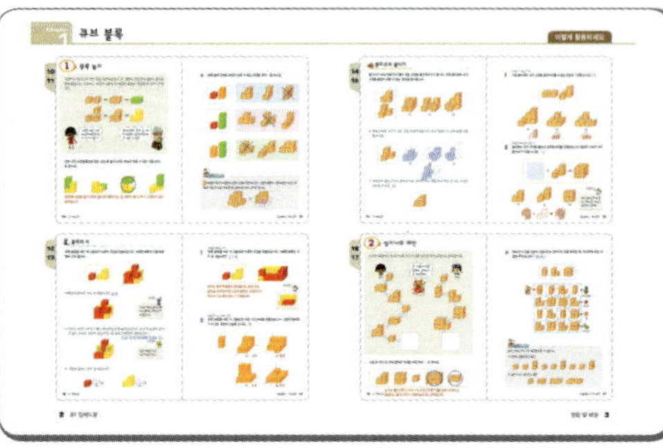

마무리 : 정답 및 해설

본문에 그대로 첨삭된 정답과 간략한 풀이 과정을 통한 사고력 수학 활동 피드백으로 마무리

노크 캐릭터 소개

지식을 되찾기 위해 노크랜드로 떠난 모험가 친구들

일단 저지르고 보는 거야!

태경
활동파 리더

난 궁금한 건 절대 못 참아.

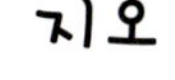

지오
호기심 공주

초이
조용한 전략가

생각으로 아주 멀리까지 날아가.

아인
꼬마 천재

마법사 멀린과 수학 요정

마법사 멀린

노크랜드의 지식의 수호자. 지식을 파괴하려는 대마왕의 음모에 맞서 모험을 떠난 친구들의 든든한 조력자.

아르키메데스

페르마

플라톤

파스칼

피타고라스

가우스

유클리드

오일러

대마왕과 꼬마 요괴

대마왕

노크랜드의 지식의 파괴자. 세계를 차지하기 위해 모든 지식을 없애버리려고 하는 요괴들의 두목.

딴소리

한입

장난

딴짓

멍하니

잠만자

울보

거꾸로

이 책의

차례

C O N T E N T S

Chapter 3

색종이

쌓기나무 위, 앞, 옆

Chapter 1

큐브 블록

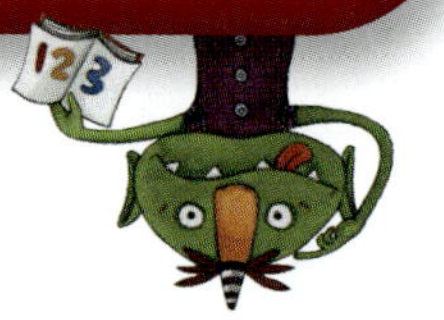

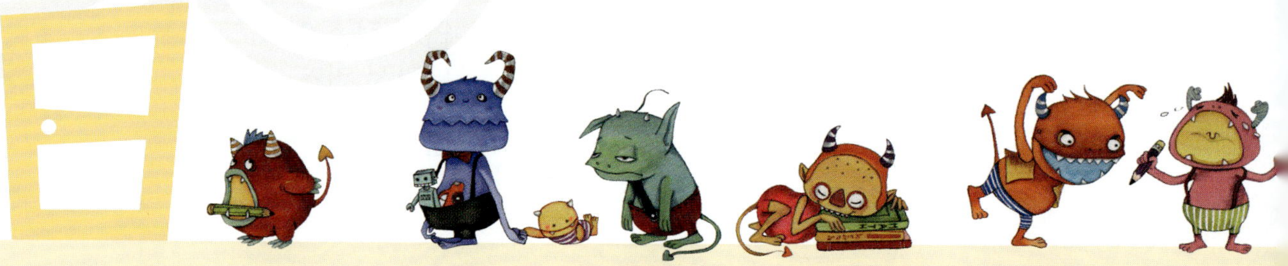

1 블록 놀이

아인이는 쌓기나무 여러 개를 접착제로 붙인 후, 예쁘게 색칠하여 새로운 블록을 만들었습니다. 아인이는 자신의 이름을 따 새로운 블록을 '아인블록'이라고 부릅니다.

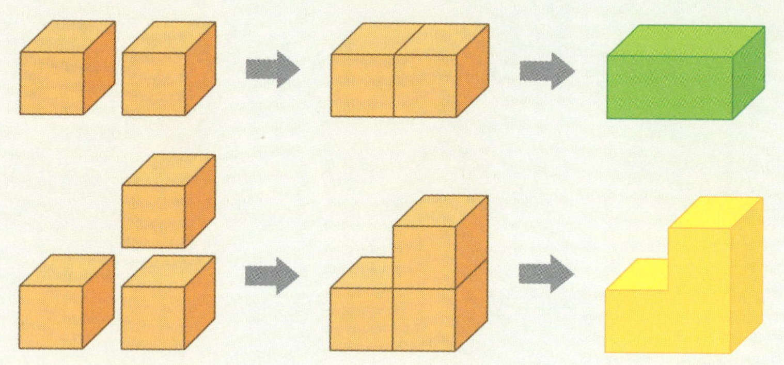

그런데 쌓기나무와 아인블록은 무슨 차이가 있지?

쌓기나무로 만들 수 없는 모양도 아인블록으로는 만들 수 있어.

여러 가지 아인블록으로 만든 모양 중 쌓기나무로 똑같이 만들 수 없는 것을 찾아 ○표 하시오.

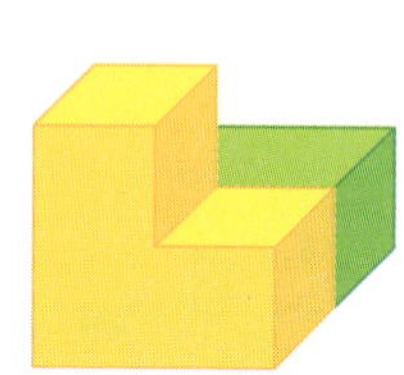

왼쪽 블록 2개로 똑같이 만들 수 없는 모양을 찾아 ×표 하시오.

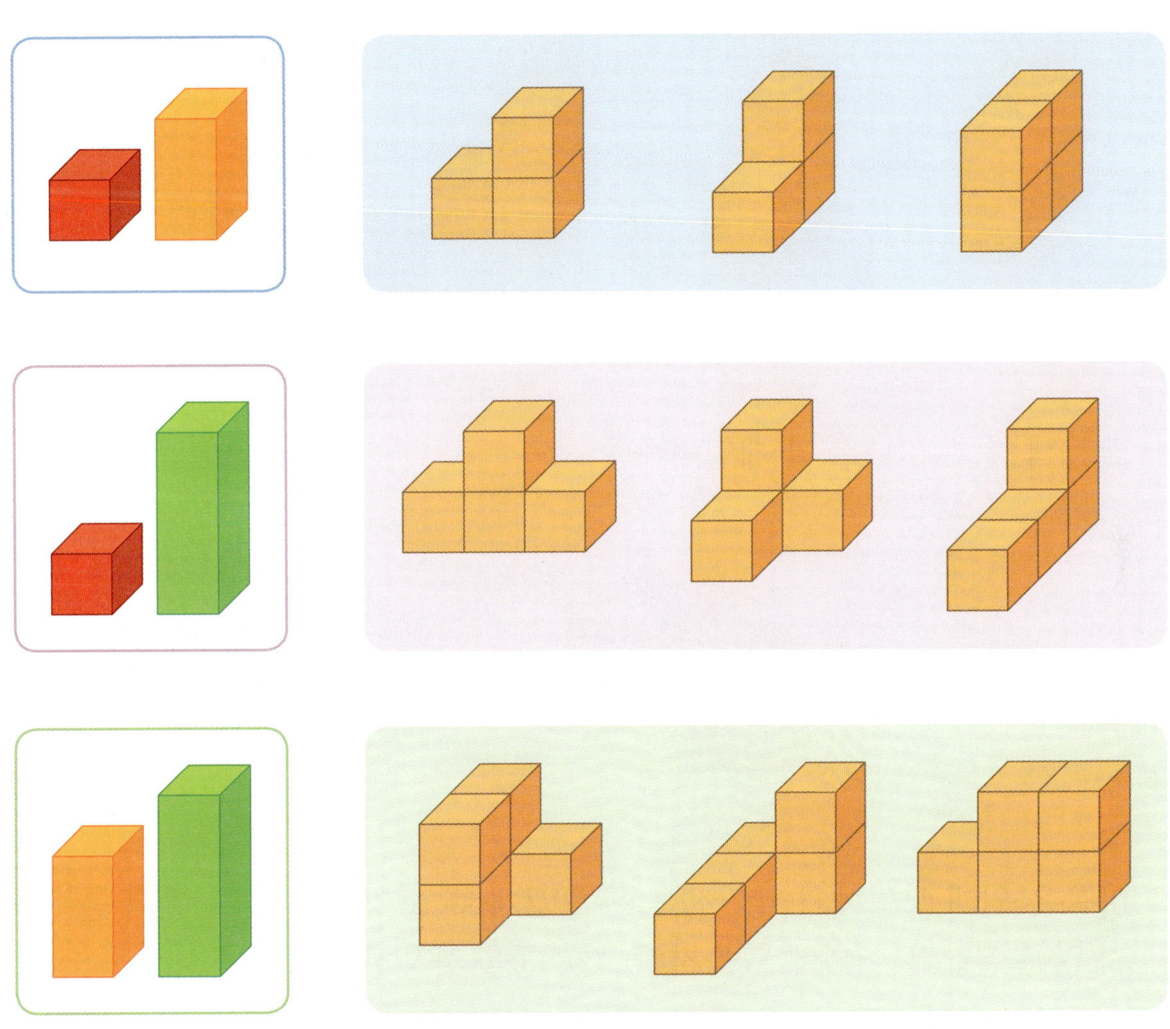

노크 포인트

블록을 여러 개 사용하여 왼쪽 모양을 만들었습니다. 사용한 블록의 수를 세려면 보이는 블록의 수를 센 다음, 보이지 않는 블록까지 찾아 세어야 합니다.

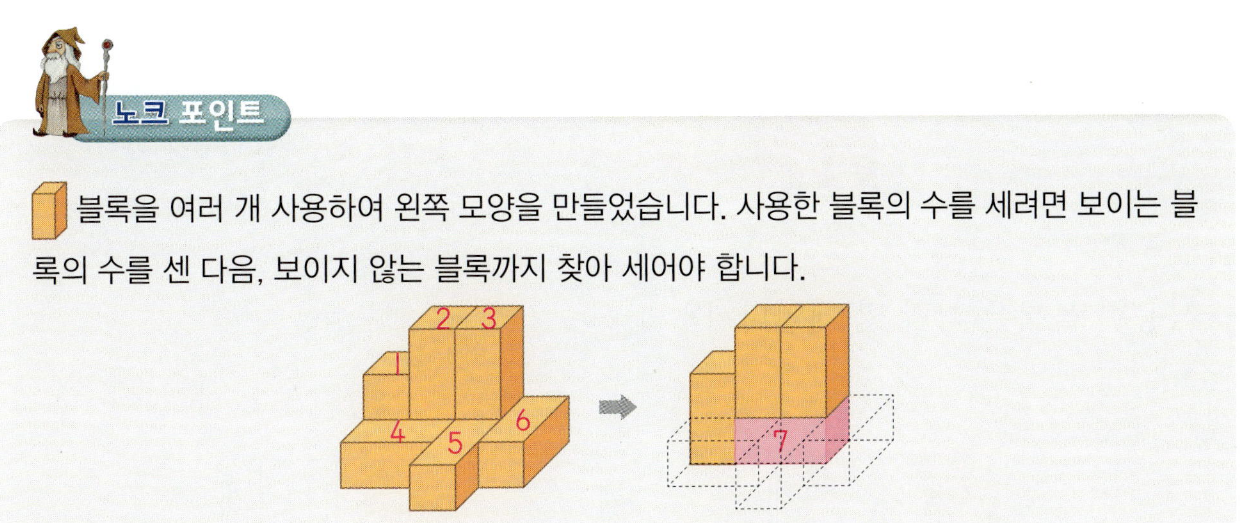

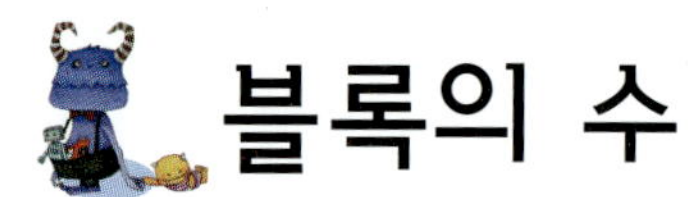

블록의 수

왼쪽 블록을 여러 개 사용하여 오른쪽 모양을 만들었습니다. 사용한 블록의 수를 종류별로 구해 봅시다.

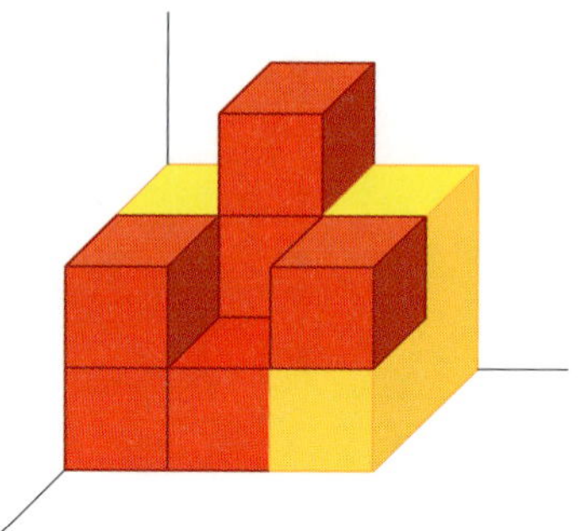

❶ 빨간색 블록은 모두 몇 개입니까?

이것도 몰라!

노란색 블록의 일부가 빨간색 블록에 가려져 보이지 않는구나.

❷ 다음은 원래 모양에서 빨간색 블록을 2개 뺀 모양입니다. 노란색 블록의 보이지 않는 부분은 어디에 있을지 ①, ②, ③을 사용하여 설명하시오.

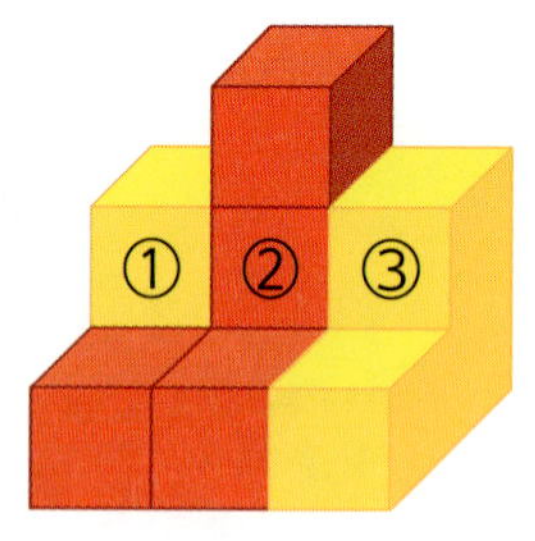

이것도 몰라!
①의 아래에 있나?
②의 아래에 있나?

❸ 사용한 블록은 각각 몇 개입니까?

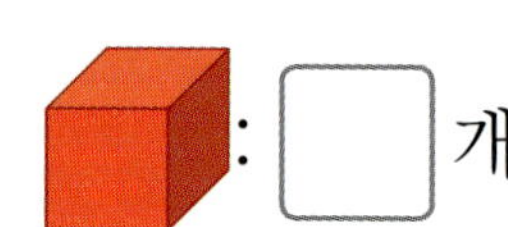 : □개

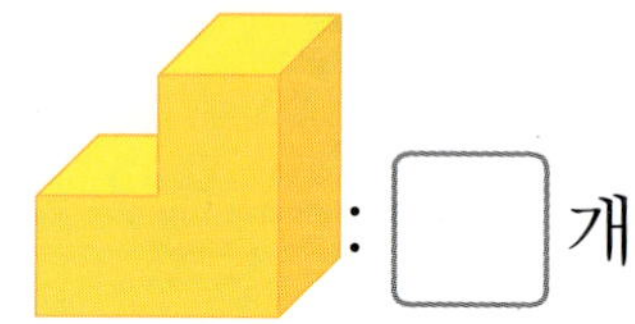 : □개

[사용한 블록의 수]

1 왼쪽 블록을 여러 개 사용하여 오른쪽 모양을 만들었습니다. 사용한 블록은 모두 몇 개입니까?

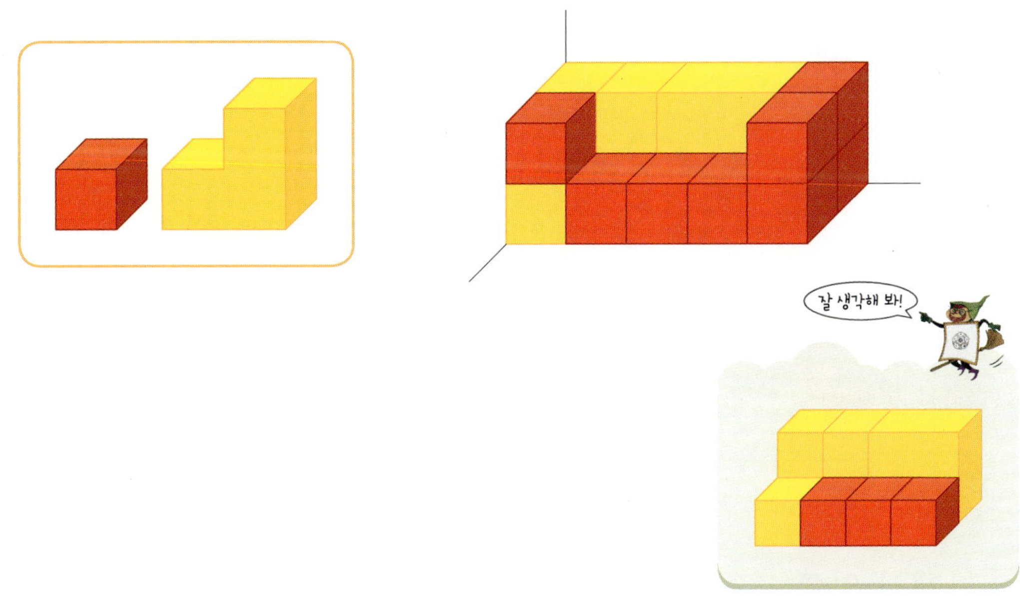

[블록의 수가 다른 모양]

2 왼쪽 블록을 여러 개 사용하여 여러 가지 모양을 만들었습니다. 사용한 블록의 수가 다른 모양의 기호를 쓰시오.

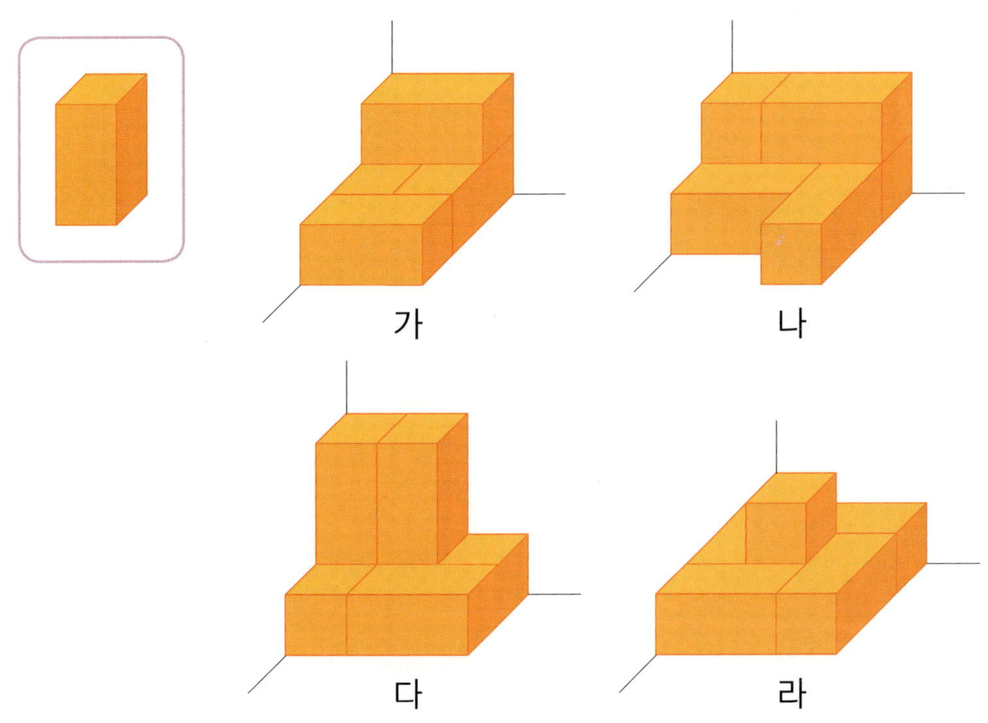

폴리큐브 붙이기

쌓기나무 여러 개를 이어 붙여 만든 모양을 폴리큐브라고 합니다. 왼쪽 폴리큐브 조각 2개를 붙여서 만들 수 없는 모양을 찾아봅시다.

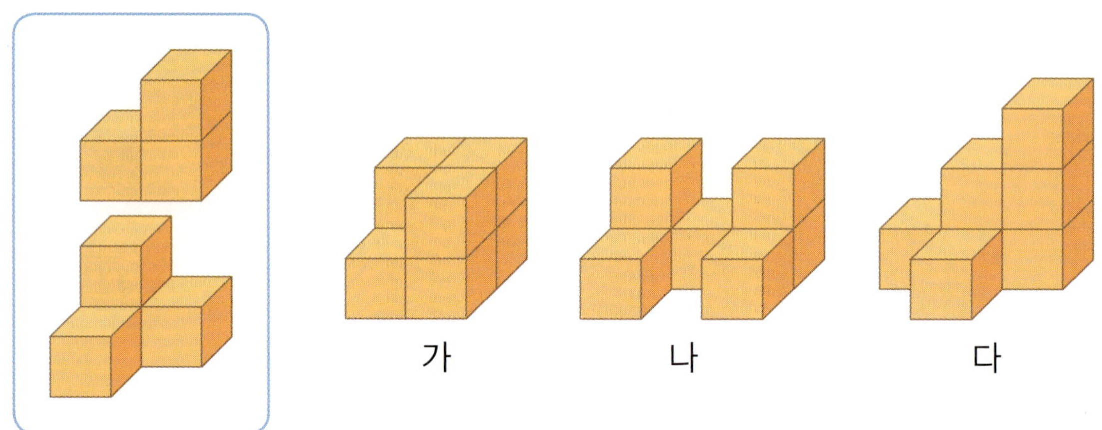

❶ **가**에서 왼쪽 조각이 있는 곳을 색칠하였습니다. 같은 방법으로 **나**와 **다**에 색칠해 보시오.

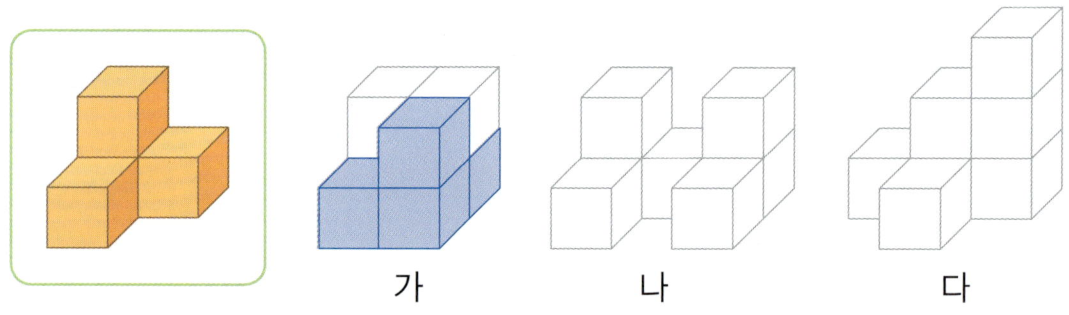

❷ 색칠하지 않은 나머지 부분이 다음 조각이 아닌 것을 찾아 만들 수 없는 모양의 기호를 쓰시오.

[만들 수 없는 모양]

1 다음 폴리큐브 조각 2개를 붙여서 만들 수 없는 모양의 기호를 쓰시오.

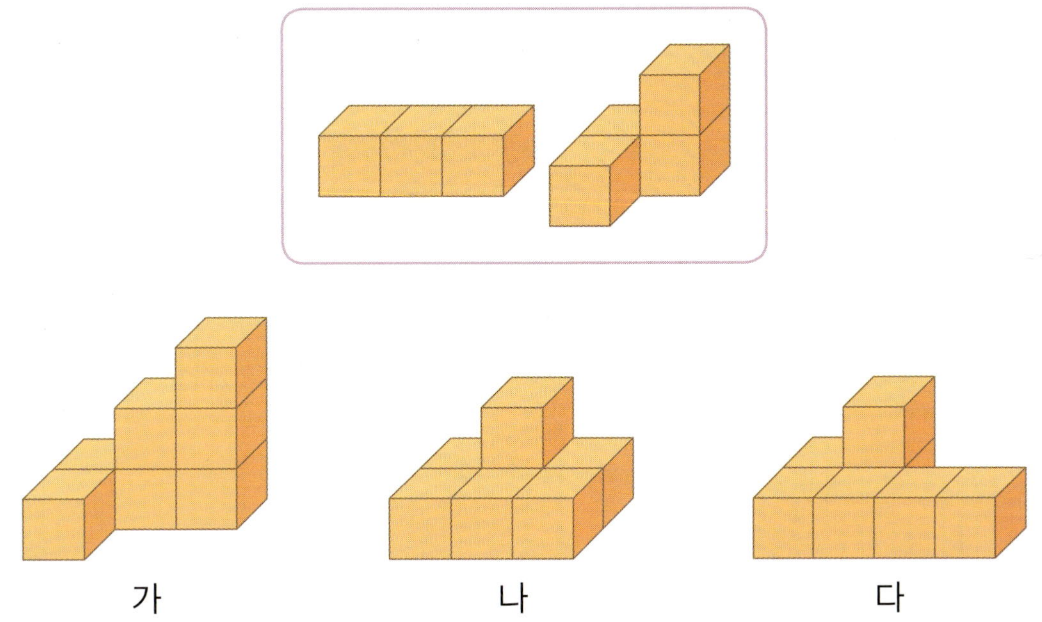

[알맞은 폴리큐브 찾기]

2 폴리큐브 조각 2개를 붙여서 오른쪽 모양을 만들었습니다. 필요한 나머지 조각을 찾아 기호를 쓰시오.

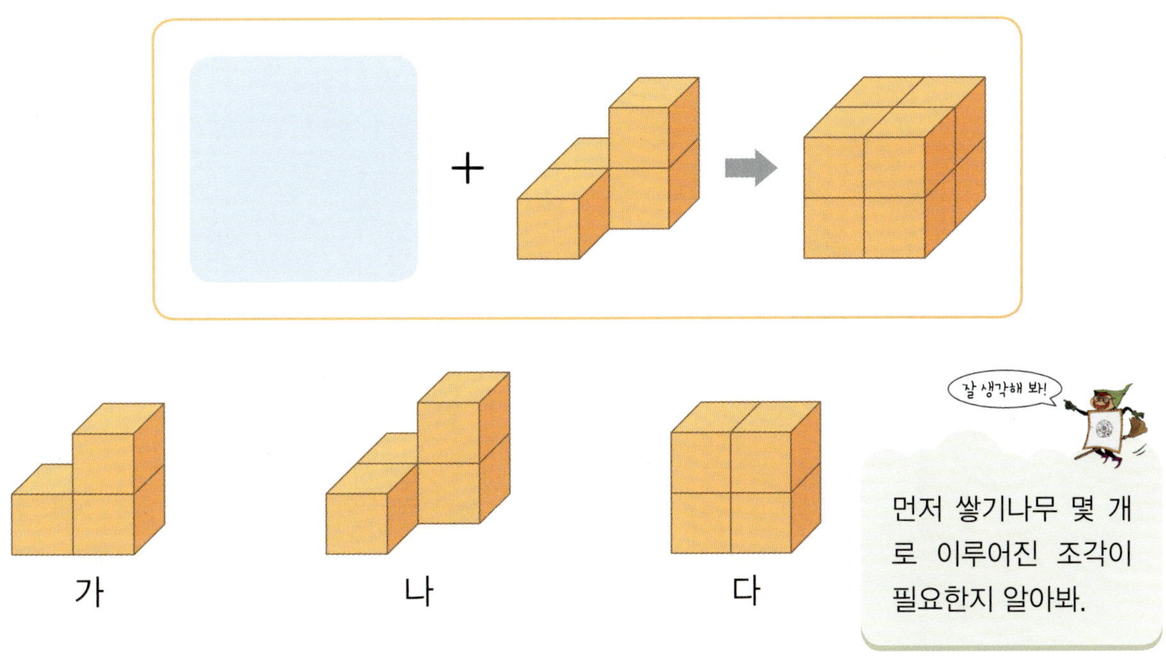

가
나
다
잘 생각해 봐!
먼저 쌓기나무 몇 개로 이루어진 조각이 필요한지 알아봐.

쌓기나무 패턴

초이와 태경이는 쌓기나무를 자신이 정한 규칙에 맞게 연속으로 쌓았습니다.

두 사람이 만든 모양이 3개까지는 비슷한데…….

초이

태경

다음 중 위의 빈 곳에 알맞은 모양을 각각 찾아 ○표 하시오.

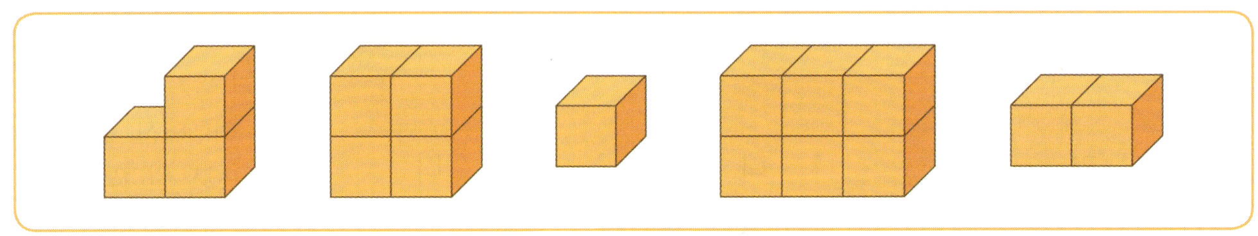

원숭이가 다음 모양이 되풀이되는 규칙으로 길을 찾아갈 때, 마지막에 먹는 과일은 무엇입니까?

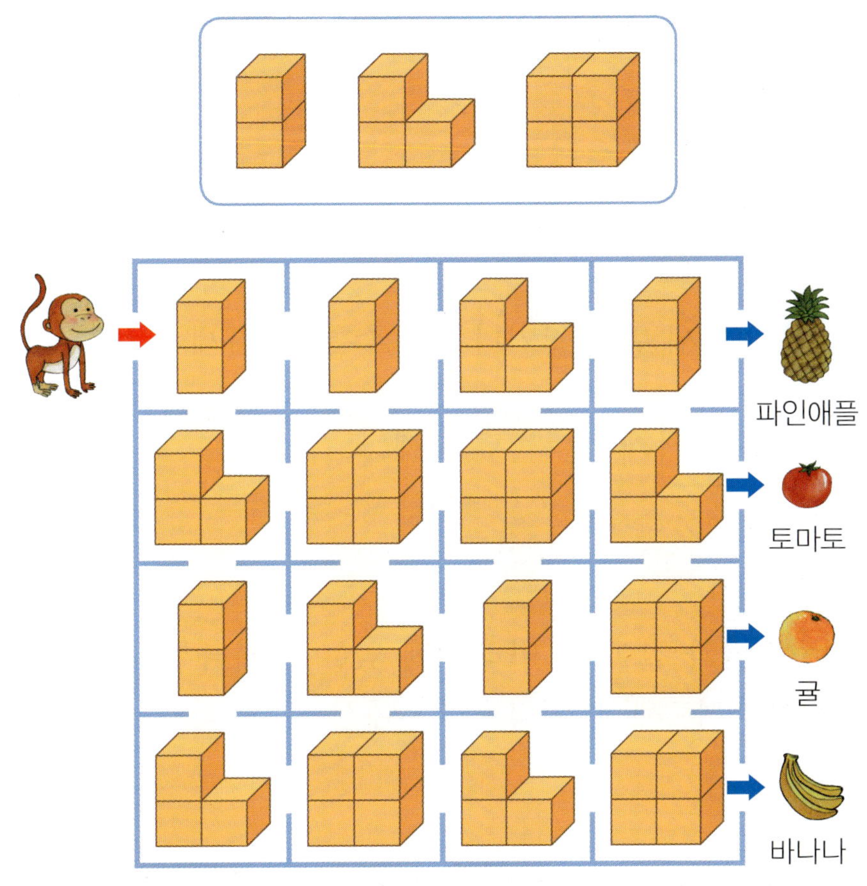

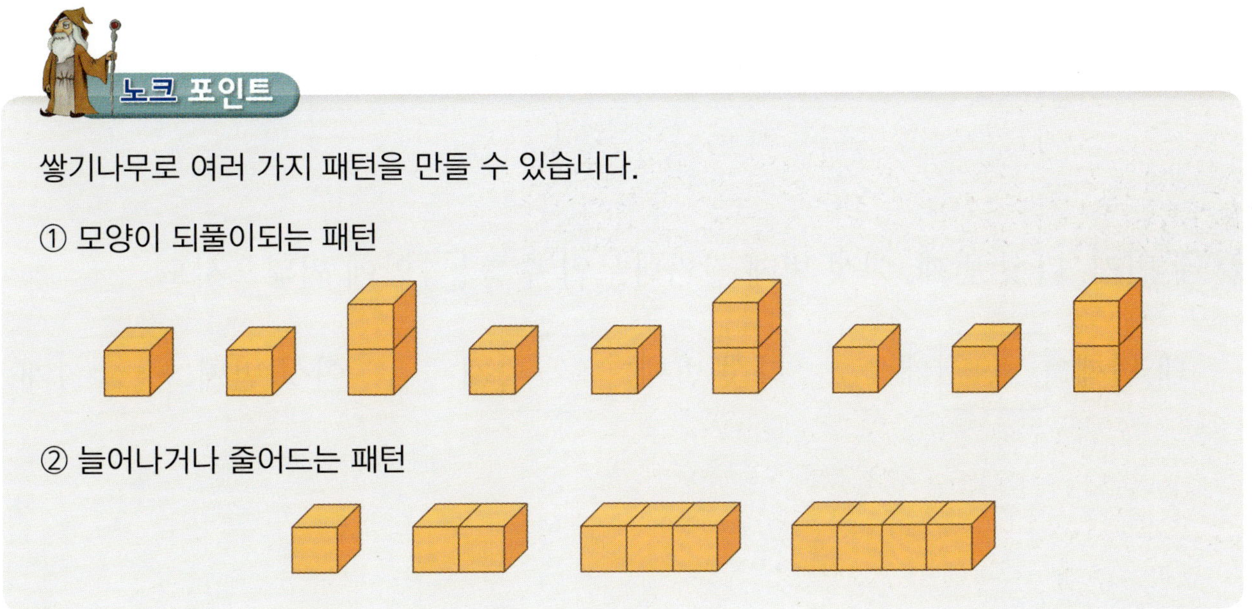

쌓기나무로 여러 가지 패턴을 만들 수 있습니다.

① 모양이 되풀이되는 패턴

② 늘어나거나 줄어드는 패턴

늘어나는 규칙

다음과 같은 규칙으로 쌓기나무를 쌓을 때, 여섯 번째 쌓기나무의 수를 구해 봅시다.

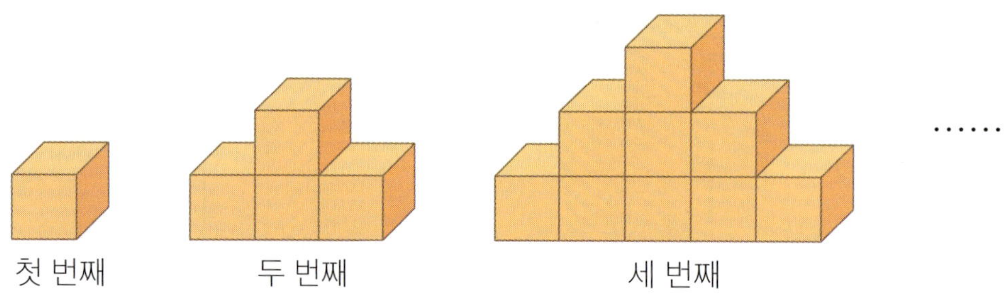

❶ 첫 번째, 두 번째, 세 번째 쌓기나무의 수를 각각 세어 보시오.

첫 번째: ☐개 두 번째: ☐개 세 번째: ☐개

❷ 쌓기나무는 그림과 같이 맨 아래층에 있는 쌓기나무가 늘어나는 규칙입니다. 네 번째 쌓기나무는 세 번째 쌓기나무에서 몇 개 더 늘어납니까?

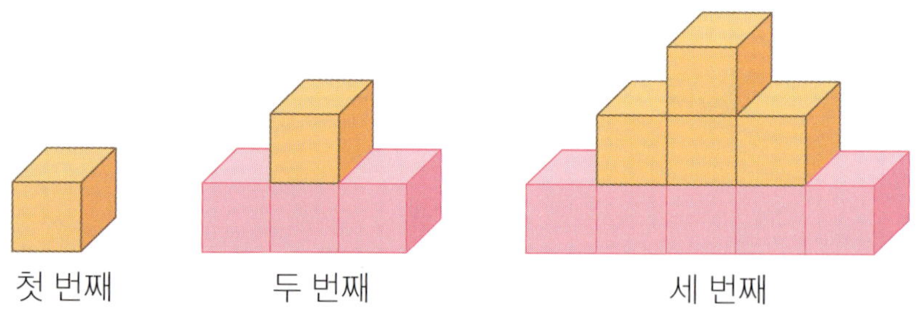

❸ 네 번째, 다섯 번째, 여섯 번째 쌓기나무의 수를 ☐ 안에 써넣으시오.

네 번째: ☐개 다섯 번째: ☐개 여섯 번째: ☐개

[늘어나는 규칙 찾기]

1 다음과 같은 규칙으로 쌓기나무를 쌓을 때, 다섯 번째 쌓기나무의 수를 구하시오.

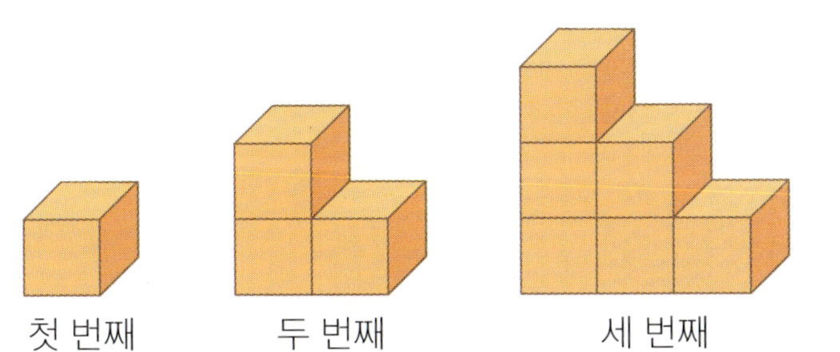

[세 방향으로 늘어나는 규칙]

2 다음과 같은 규칙으로 쌓기나무를 쌓을 때 빈 곳에 알맞은 쌓기나무는 몇 개입니까?

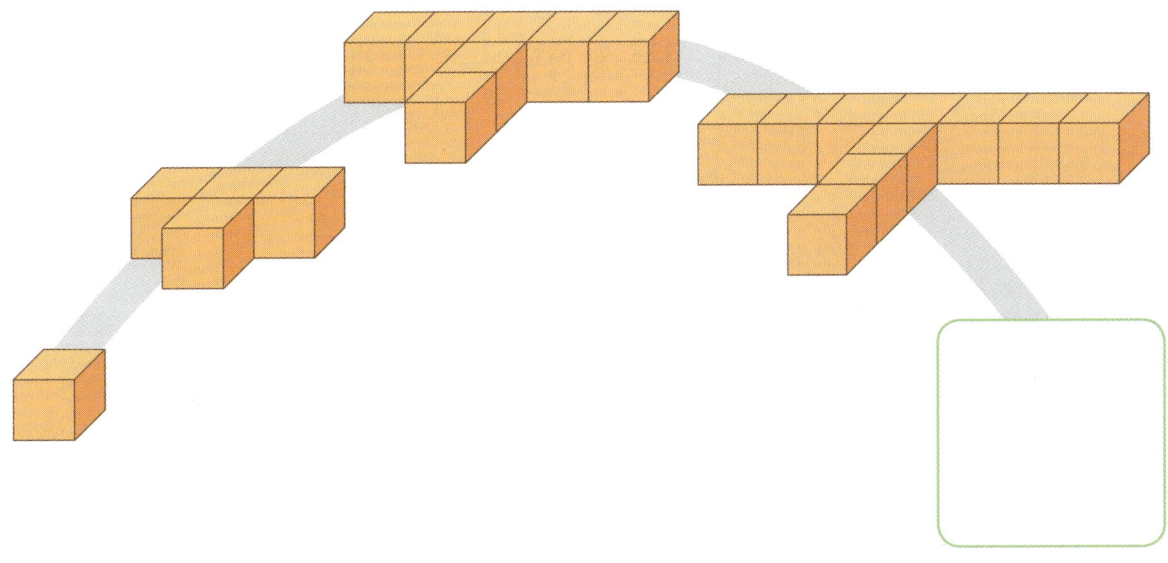

쌓기나무 탑

다음과 같은 규칙으로 점점 높아지는 탑이 있습니다. 탑이 5층일 때, 쌓기나무의 수를 구해 봅시다.

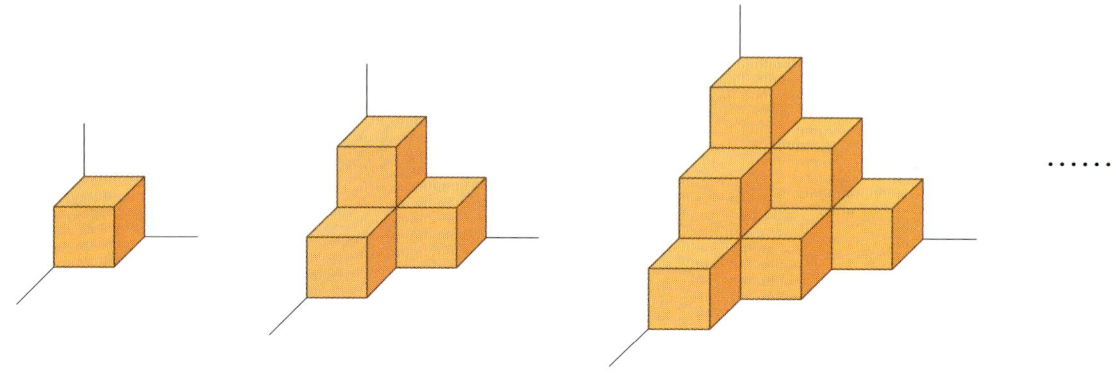

❶ 3층짜리 탑에서 각 층마다 쌓기나무가 몇 개씩 있는지 세어 보시오.

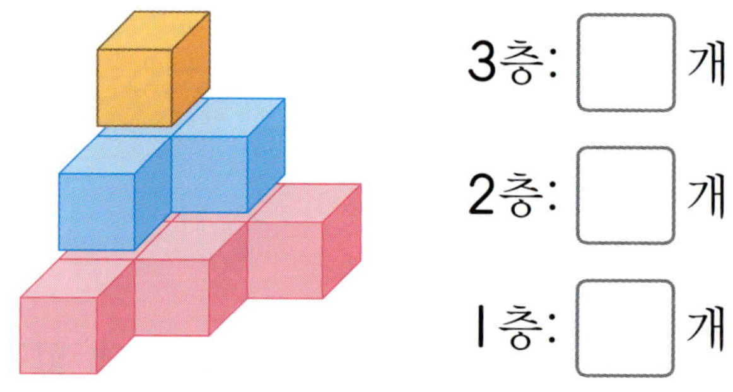

3층: ☐ 개

2층: ☐ 개

1층: ☐ 개

❷ 탑이 4층일 때 맨 아래층에 있는 쌓기나무는 몇 개입니까?

❸ 탑이 5층일 때 맨 아래층에 있는 쌓기나무는 몇 개입니까?

❹ 탑이 5층일 때 쌓기나무는 모두 몇 개입니까?

[세 방향으로 늘어나는 탑]

1 다음과 같은 규칙으로 쌓기나무를 쌓을 때, 여섯 번째 쌓기나무는 모두 몇 개입니까?

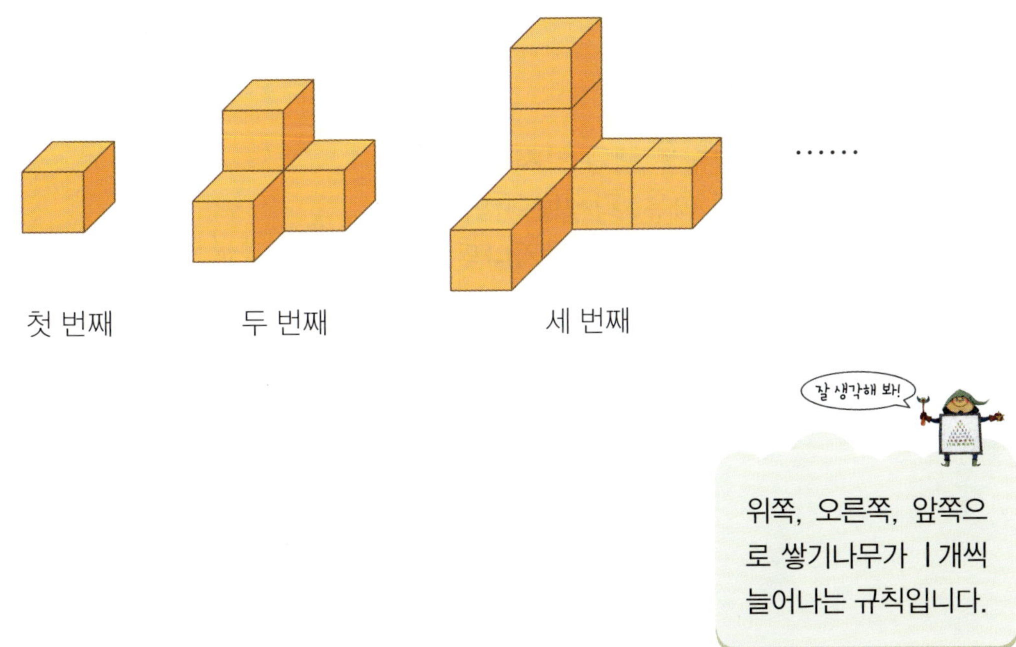

……
첫 번째
두 번째
세 번째
잘 생각해 봐!
위쪽, 오른쪽, 앞쪽으로 쌓기나무가 1개씩 늘어나는 규칙입니다.

[높아지는 쌓기나무 탑]

2 다음과 같은 규칙으로 점점 높아지는 탑이 있습니다. 탑의 맨 아래층에 쌓기나무 21개가 있을 때, 이 탑에 있는 쌓기나무는 모두 몇 개입니까?

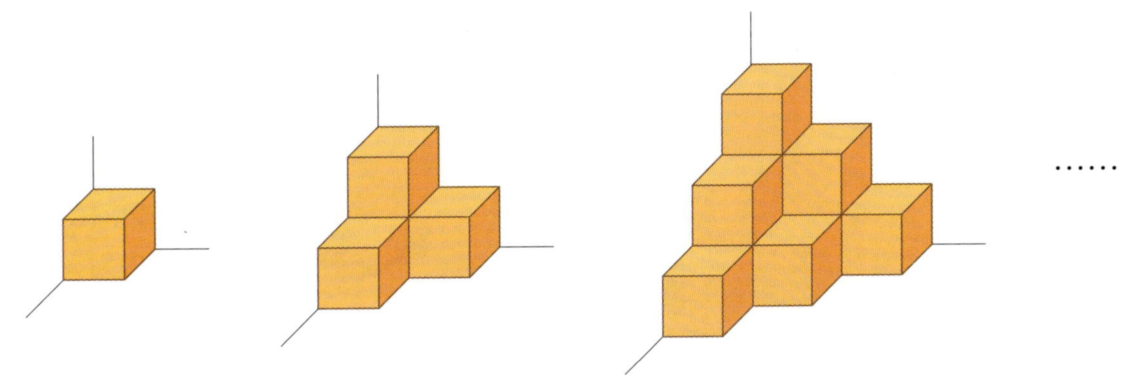

보이지 않는 쌓기나무

요리사인 쿡 씨는 공기 중에 놓아두면 쉽게 녹아버리는 각설탕을 쌓기나무를 사용하여 보관하기로 하였습니다.

각설탕을 벽의 모서리에 붙인 다음, 각설탕의 위, 앞, 옆 부분을 쌓기나무로 가리면 될 거야.

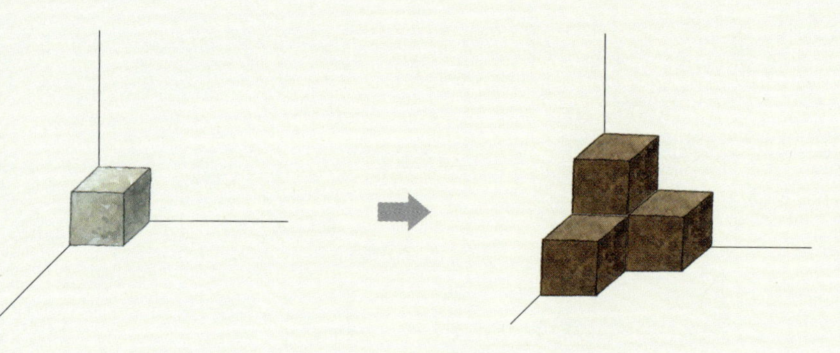

다음과 같은 똑같은 각설탕 4개를 모두 보이지 않게 가리는 데 필요한 쌓기나무는 적어도 몇 개입니까? (단, 쌓기나무는 각설탕과 크기가 같습니다.)

각설탕이 보이지
않게 쌓기나무를
놓아야 해.

보이는 쌓기나무와 보이지 않는 쌓기나무의 수를 각각 □ 안에 써넣으시오.

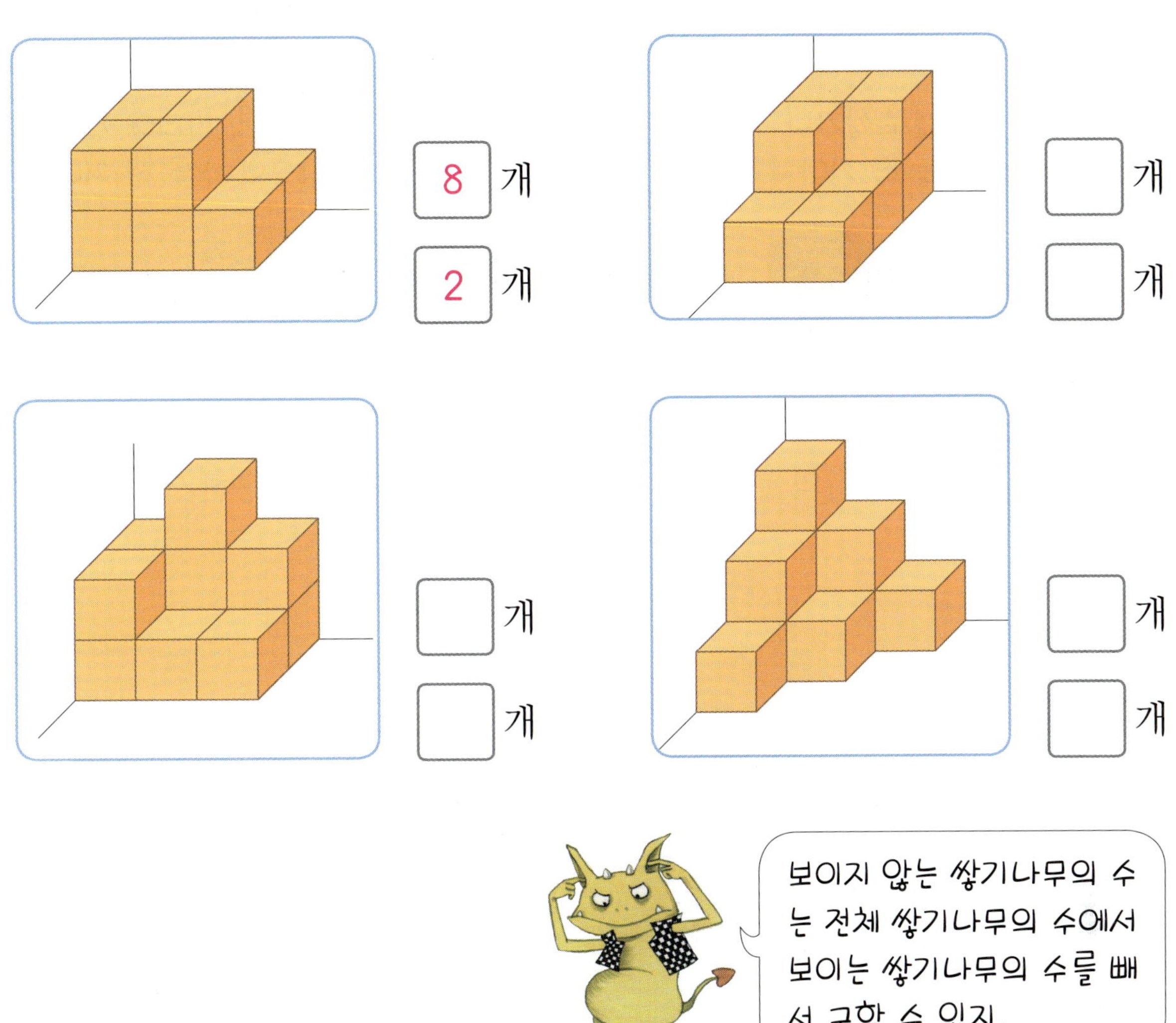
8 개
2 개
개
개
개
개
개
개
보이지 않는 쌓기나무의 수는 전체 쌓기나무의 수에서 보이는 쌓기나무의 수를 빼서 구할 수 있지.

노크 포인트

전체 쌓기나무의 수와 보이는 쌓기나무의 수를 찾아 보이지 않는 쌓기나무의 수를 구할 수 있습니다.

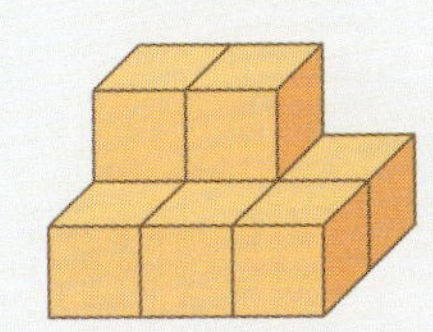

전체 쌓기나무: 8개
보이는 쌓기나무: 6개

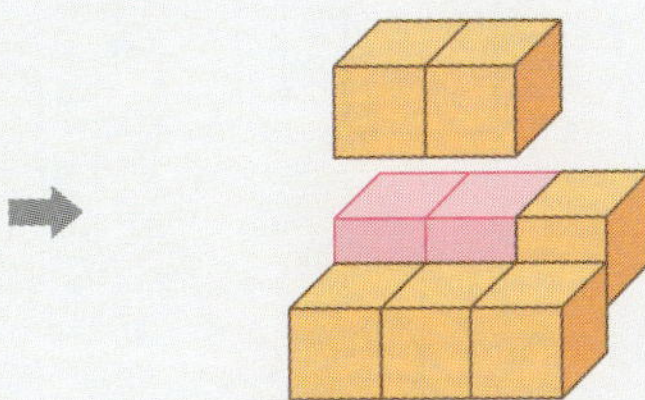

보이지 않는 쌓기나무: 8－6＝2(개)

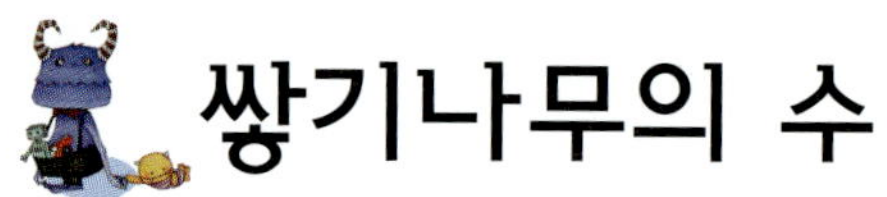

쌓기나무의 수

다음 모양에 있는 쌓기나무의 수를 두 가지 방법으로 구해 봅시다.

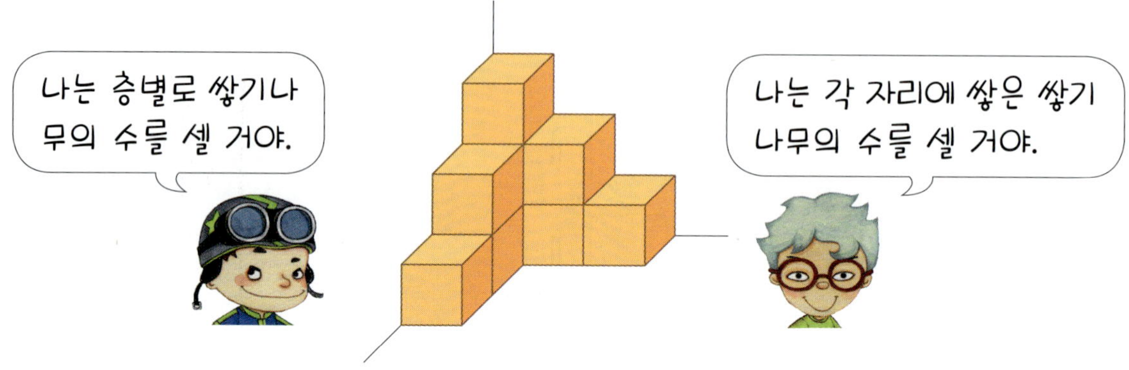
나는 층별로 쌓기나무의 수를 셀 거야.
나는 각 자리에 쌓은 쌓기나무의 수를 셀 거야.

❶ 각 층별로 쌓기나무의 수를 세어 전체 쌓기나무의 수를 구하시오.

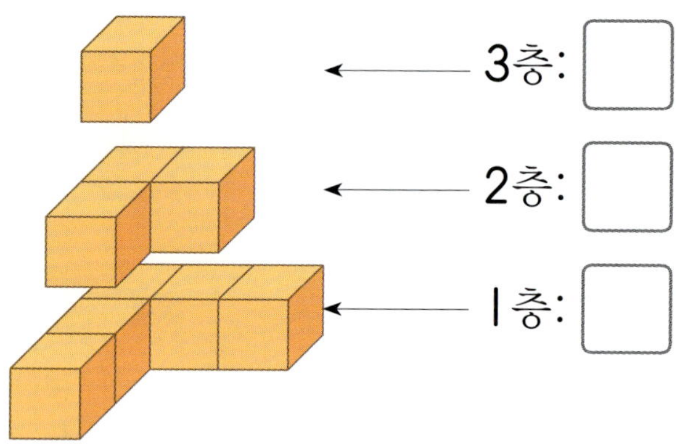
3층:
2층:
1층:

❷ 각 자리에 쌓은 쌓기나무의 수를 세어 전체 쌓기나무의 수를 구하시오.

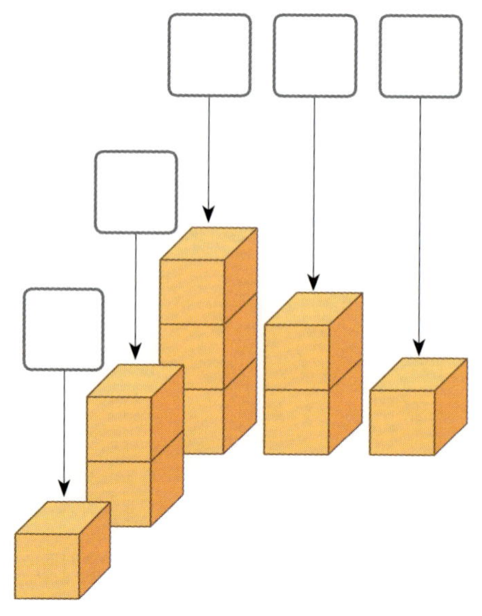

[쌓기나무의 수 구하기]

1 다음 모양에 있는 쌓기나무의 수를 구하시오.

잘 생각해 봐!
바닥이 넓게 퍼져 있는 모양은 자리별로 세는 것보다 층별로 세는 것이 더 간단해.

[줄어든 쌓기나무의 수]

2 왼쪽 모양에서 쌓기나무 몇 개를 뺐더니 오른쪽 모양이 되었습니다. 빼낸 쌓기나무는 몇 개입니까?

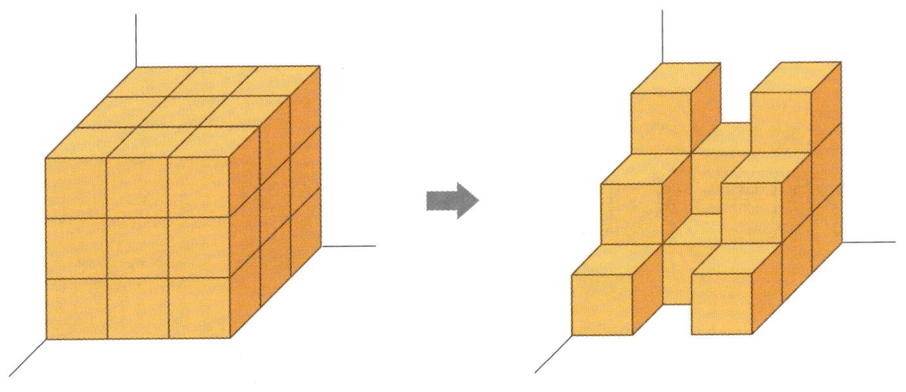

숨은 쌓기나무

쌓기나무를 벽에 붙여서 쌓았습니다. 보이지 않는 쌓기나무는 몇 개인지 구해 봅시다.

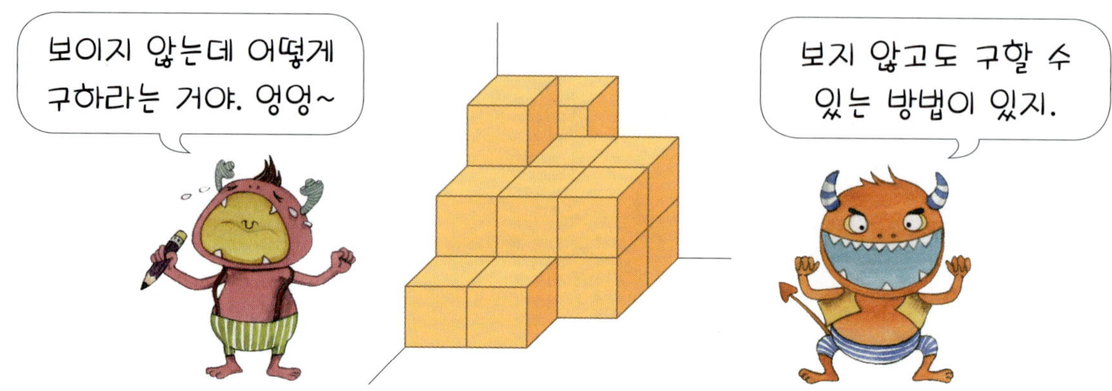

보이지 않는데 어떻게 구하라는 거야. 엉엉~
보지 않고도 구할 수 있는 방법이 있지.

❶ 각 자리에 쌓은 쌓기나무의 수를 세어 전체 쌓기나무의 수를 구하시오.

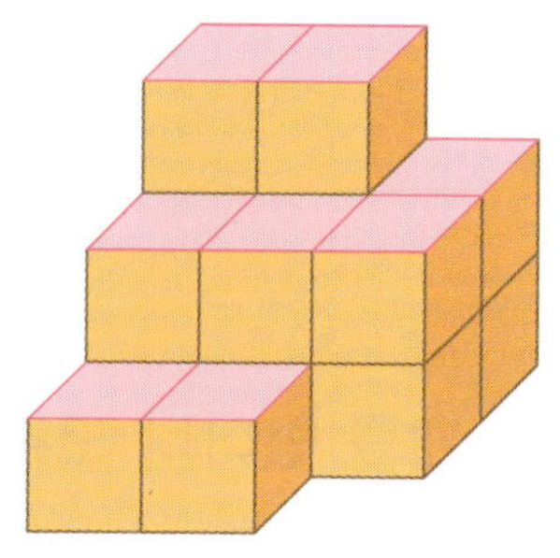

❷ 보이는 쌓기나무는 몇 개입니까?

❸ 보이지 않는 쌓기나무의 수는 전체 쌓기나무의 수에서 보이는 쌓기나무의 수를 뺀 값과 같습니다. 보이지 않는 쌓기나무는 몇 개입니까?

[보이지 않는 쌓기나무]

1 쌓기나무를 벽에 붙여서 쌓았습니다. 보이지 않는 쌓기나무는 몇 개입니까?

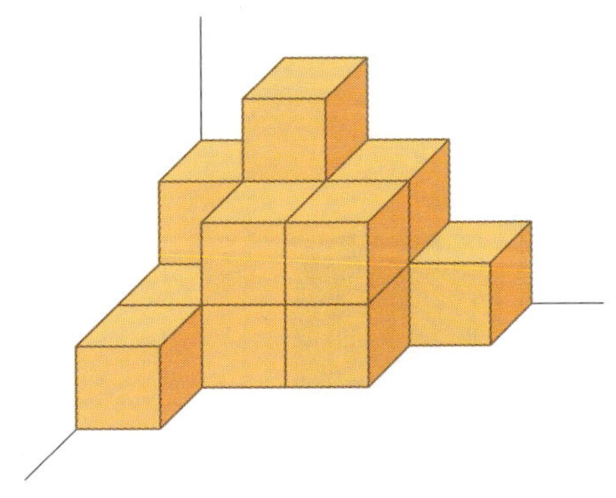

[색칠하지 않는 쌓기나무]

2 쌓기나무 35개를 다음과 같이 쌓은 다음, 바닥면을 뺀 보이는 모든 면에 색칠하였습니다. 어느 면에도 색칠하지 않은 쌓기나무의 수를 구하시오.

이것도 몰라!
숨어서 보이지 않는 쌓기나무에는 색칠이 되지 않겠지. 그것도 몰라?

창의적 문제해결력

1 왼쪽 블록을 여러 개 사용하여 오른쪽 모양을 만들었습니다. 사용한 블록은 모두 몇 개입니까?

2 오른쪽 모양을 만들기 위해 필요한 나머지 조각 2개를 모두 찾아 기호를 쓰시오.

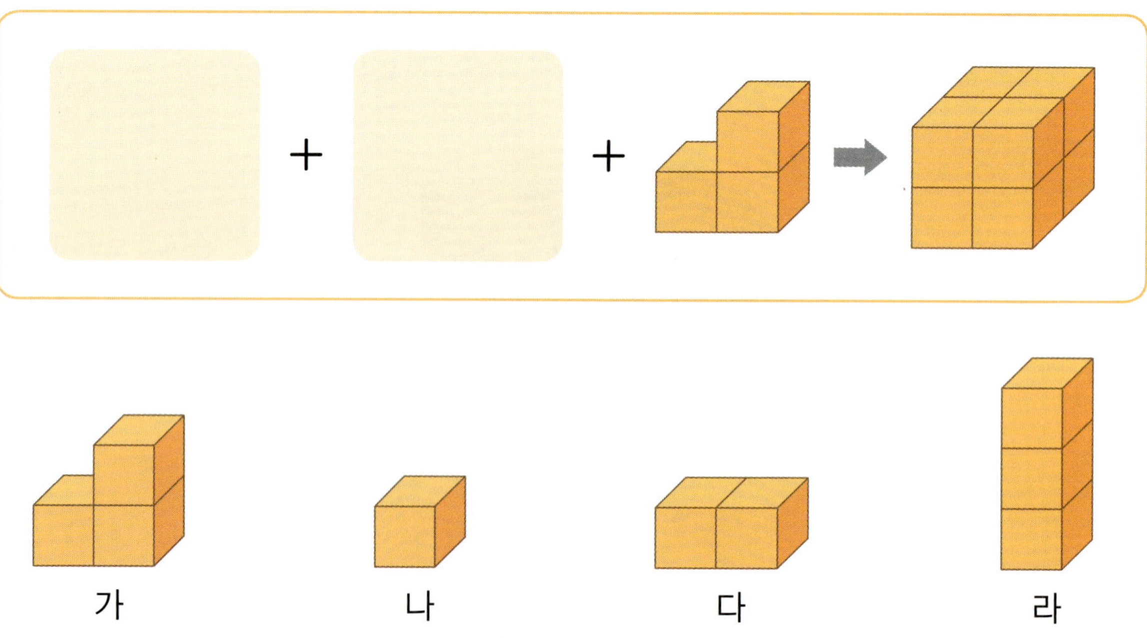

3 다음과 같은 규칙으로 쌓기나무를 쌓을 때, 일곱 번째 모양으로 알맞은 것의 기호를 쓰시오.

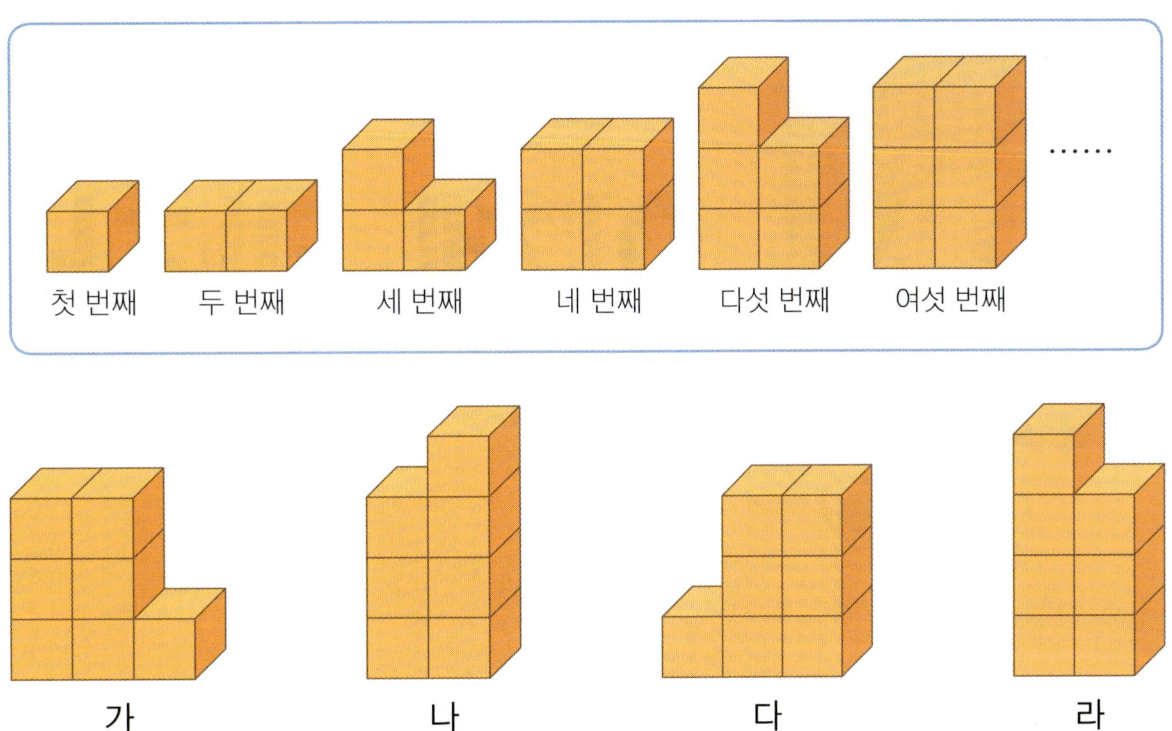

4 쌓기나무를 벽에 붙여서 쌓았습니다. 보이지 않는 쌓기나무는 몇 개입니까?

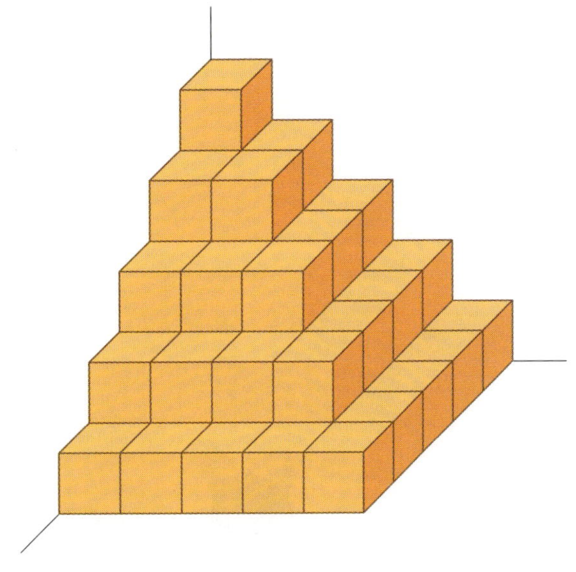

Chapter 2 입체 관찰

4 펼친 모양

여러 가지 모양의 선물 상자가 있습니다. 상자의 겉면에 색종이를 잘라 붙여 포장하려고 합니다.

주사위 모양은 ■ 모양 색종이 6장이 필요하군.

삼각 김밥 모양은 ▲ 모양 2장, ■ 모양 3장이면 돼.

피라미드 모양은 ▲ 모양 4장, ■ 모양 1장이 필요해.

다음 상자 모양을 포장하려고 할 때 필요한 색종이의 모양을 그리고, 각 색종이의 수를 쓰시오.

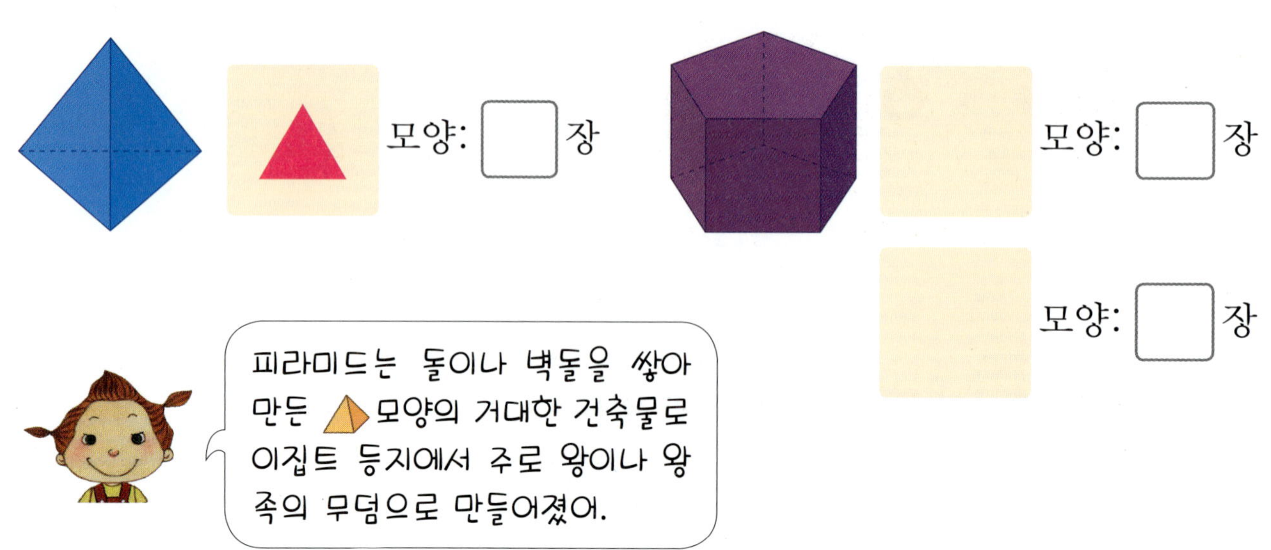

모양: 장
모양: 장
모양: 장
피라미드는 돌이나 벽돌을 쌓아 만든 모양의 거대한 건축물로 이집트 등지에서 주로 왕이나 왕족의 무덤으로 만들어졌어.

8 왼쪽 모양에서 찾을 수 있는 면의 모양을 그리고, 각 면의 수를 쓰시오.

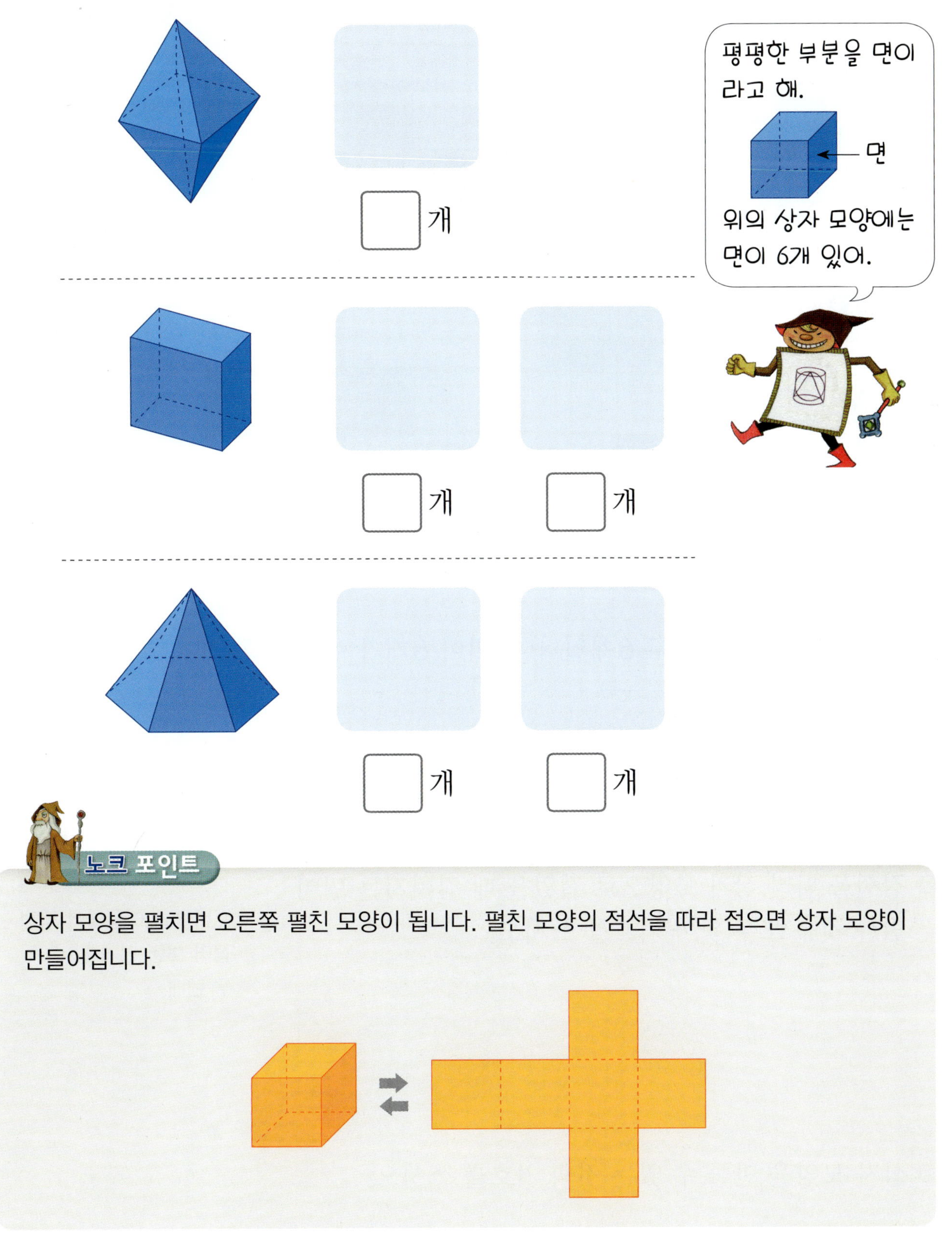

개
개
개
개
개
평평한 부분을 면이 라고 해.
면
위의 상자 모양에는 면이 6개 있어.

노크 포인트

상자 모양을 펼치면 오른쪽 펼친 모양이 됩니다. 펼친 모양의 점선을 따라 접으면 상자 모양이 만들어집니다.

상자 모양 펼치기

다음 중 점선을 따라 접었을 때 상자 모양을 만들 수 있는 것을 찾아봅시다.

준비물 펼친 모양

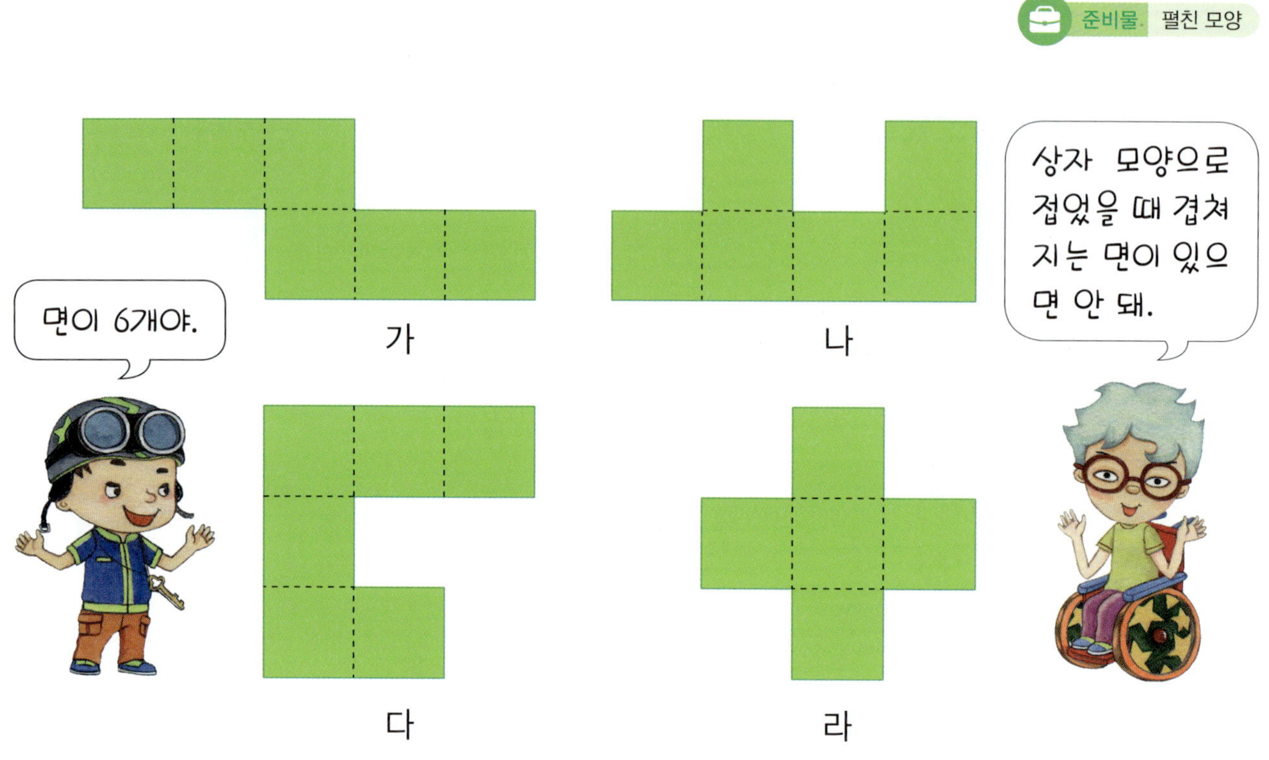

면이 6개야.
가
나
상자 모양으로 접었을 때 겹쳐지는 면이 있으면 안 돼.
다
라

❶ 상자 모양의 면은 모두 6개입니다. 면이 6개가 아닌 것의 기호를 쓰시오.

❷ 점선을 따라 상자 모양으로 접었을 때 겹쳐지는 면이 있는 것을 모두 찾아 기호를 쓰시오.

이것도 몰라!

준비물을 이용해서 직접 접어 보면 쉽게 알 수 있을 텐데……

❸ 상자 모양을 만들 수 있는 것의 기호를 쓰시오.

[펼친 모양이 아닌 것]

1 다음 중 점선을 따라 접었을 때 상자 모양을 만들 수 없는 것을 모두 찾아 ×표 하시오.

준비물 펼친 모양

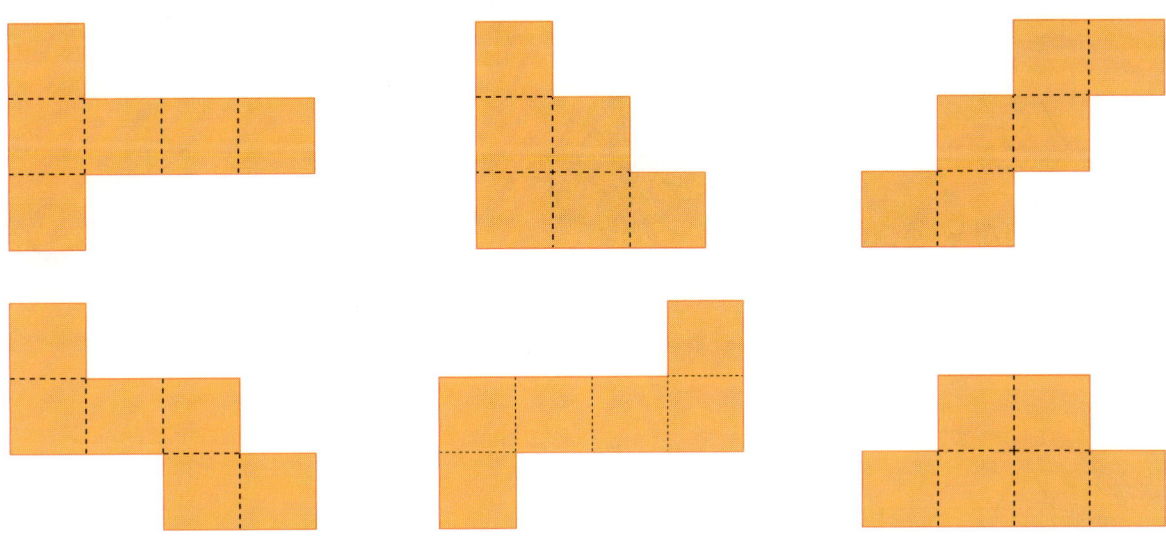

[마주 보는 면]

2 다음은 상자 모양을 펼친 것입니다. 마주 보는 면끼리 같은 색으로 칠해 보시오.

준비물 펼친 모양

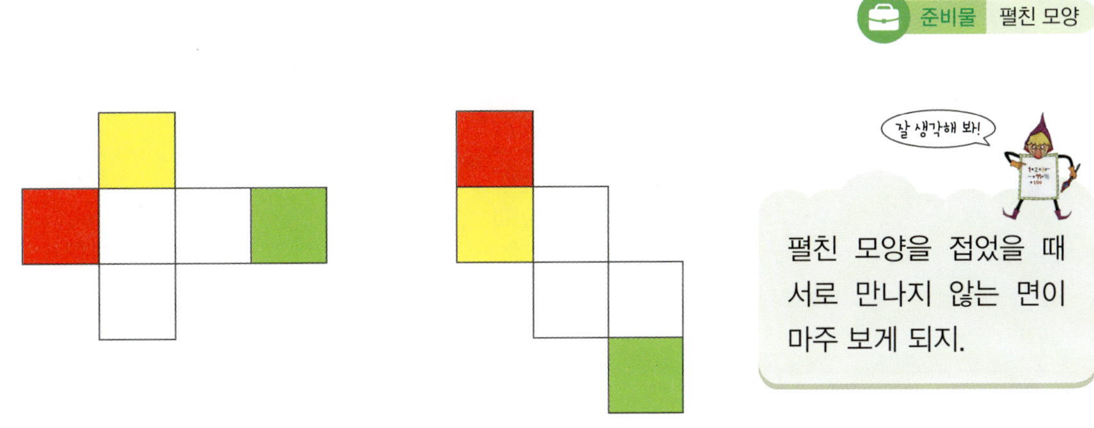

잘 생각해 봐!
펼친 모양을 접었을 때 서로 만나지 않는 면이 마주 보게 되지.

 입체도형 만들기

꼬마 요괴들이 만든 펼친 모양입니다. 펼친 모양을 접었을 때의 모양을 오른쪽에서 찾아 선으로 이어 봅시다.

준비물 펼친 모양

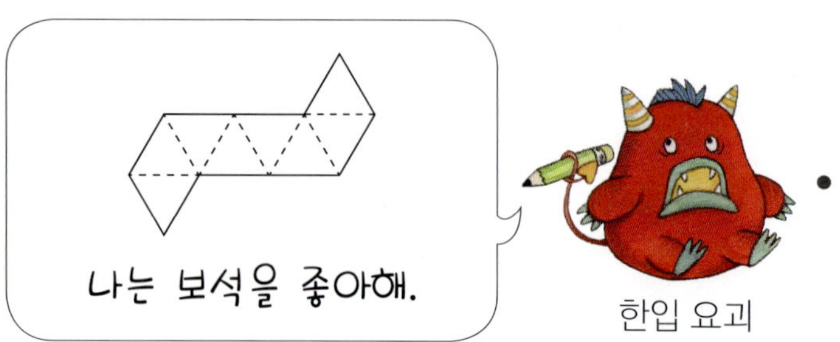

나는 보석을 좋아해.
한입 요괴

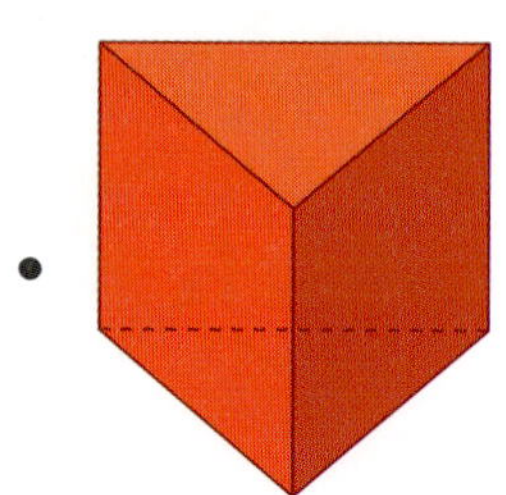

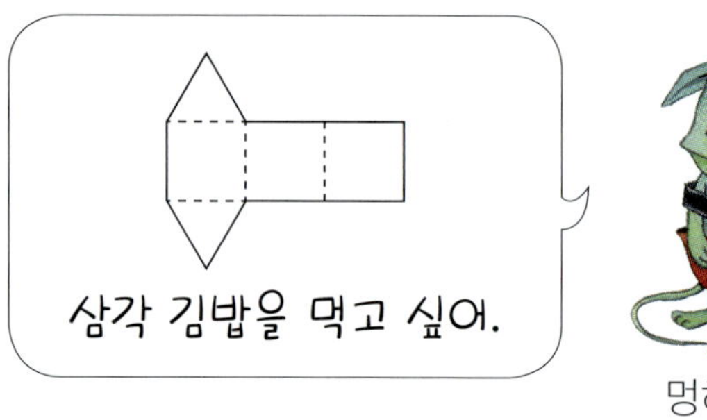

삼각 김밥을 먹고 싶어.

멍하니 요괴

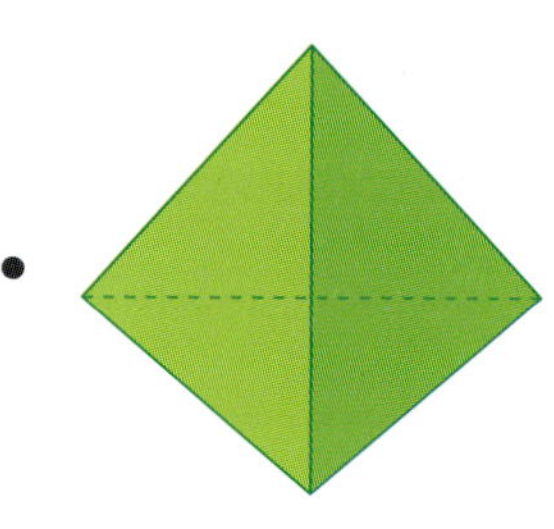

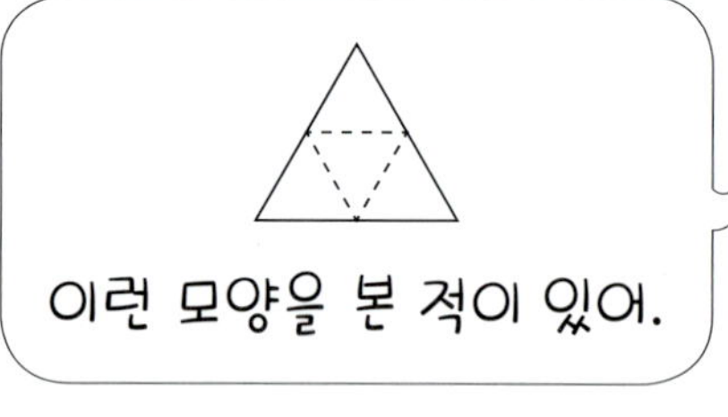

이런 모양을 본 적이 있어.

잠만자 요괴

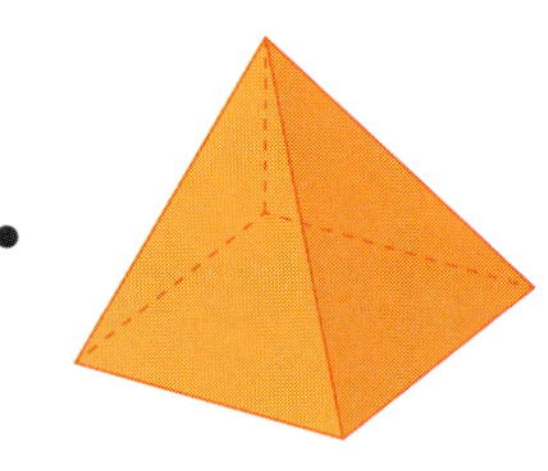

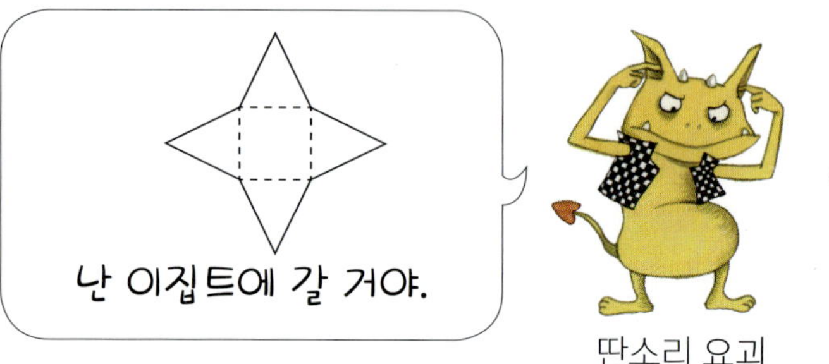

난 이집트에 갈 거야.

딴소리 요괴

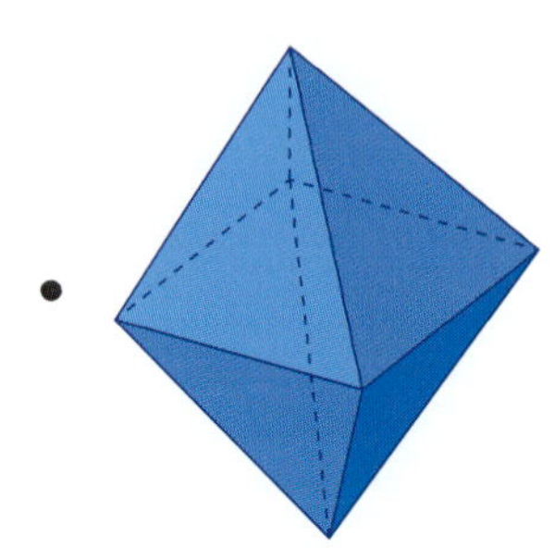

[면의 종류와 수]

1 왼쪽 모양에서 찾을 수 있는 면의 모양을 그리고, 각 면의 수를 구하시오.

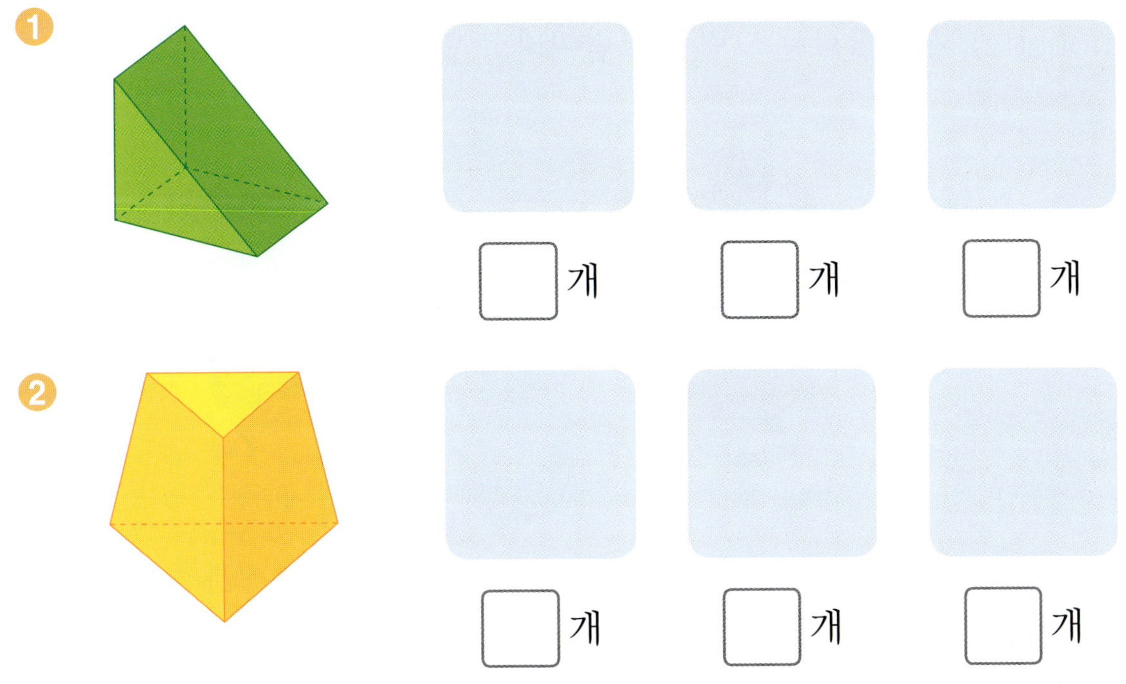

[완성되는 모양]

2 다음은 어떤 모양을 펼친 모양인지 찾아 기호를 쓰시오.

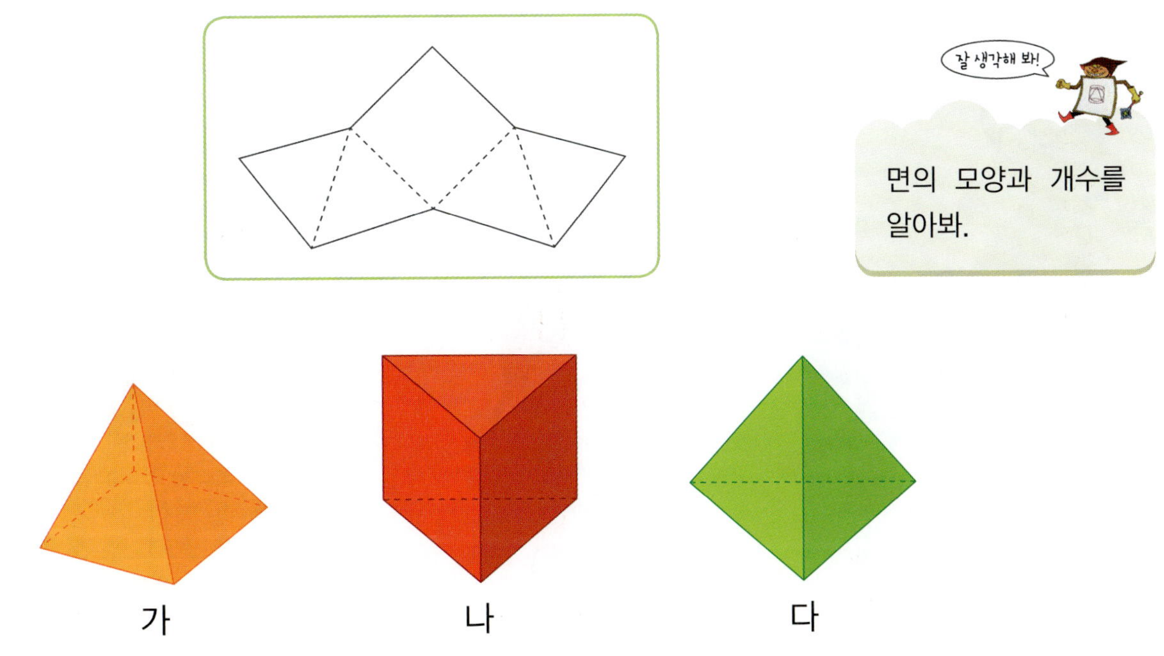

잘 생각해 봐!
면의 모양과 개수를 알아봐.
가
나
다

5 실루엣과 그림자

사람, 사물 등의 그림자 윤곽을 그린 다음 그 가운데를 검게 칠한 그림을 실루엣(Silhouette), 우리말로는 그림자 그림이라고 합니다.

실루엣

실루엣이라는 이름은 프랑스의 정치가 드 실루엣에서 따왔습니다. 실루엣은 자신의 초상화를 여러 가지 색이 아닌 한 가지 색 물감으로만 나타내게 했습니다. 이러한 방법이 발전하여 오늘날에도 사용되고 있습니다.

다음은 네 친구들이 서 있는 모습을 실루엣으로 나타낸 것입니다. 왼쪽부터 서 있는 친구의 이름을 써넣으시오.

곰의 앞, 오른쪽 옆, 왼쪽 옆에서 손전등을 비추었을 때 생기는 그림자를 찾아 빈 곳에 기호를 써넣으시오.

노크 포인트

빛을 어느 방향에서 비추느냐에 따라 생기는 그림자의 모양이 다릅니다.

여러 방향 그림자

다음 모양을 앞과 왼쪽 옆에서 손전등을 비추었을 때 생기는 그림자를 각각 그려 봅시다.

❶

옆 ➡

앞

앞 옆

❷

옆 ➡

앞

앞 옆

❸

옆 ➡

앞

앞 옆

[다른 방향 같은 그림자]

1 앞에서 손전등을 비추었을 때 생기는 그림자와 위에서 손전등을 비추었을 때 생기는 그림자가 똑같은 모양의 기호를 쓰시오.

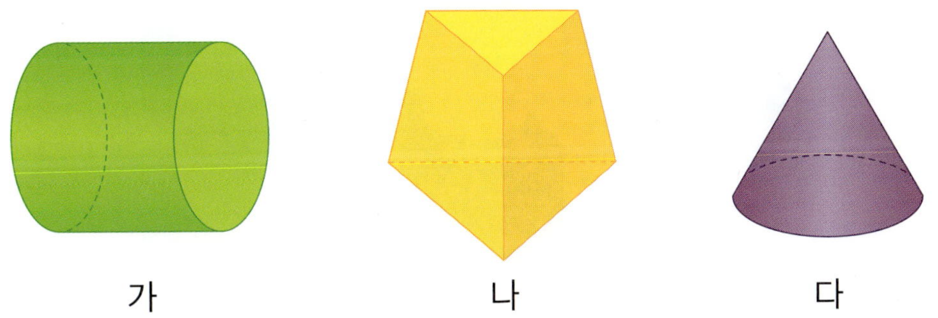

[생길 수 없는 그림자]

2 주어진 모양을 위, 앞, 왼쪽 옆에서 빛을 비추었을 때 생기는 그림자가 될 수 없는 모양을 찾아 ×표 하시오.

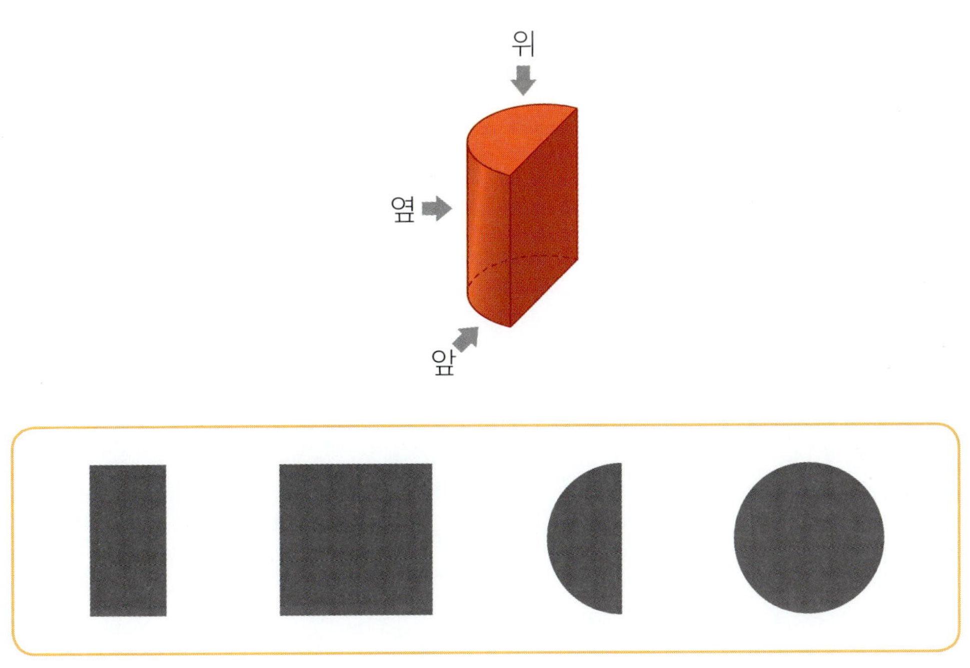

쌓은 모양 그림자

초이와 태경이는 왼쪽 두 조각을 합쳐서 서로 다른 모양을 만든 후 손전등을 위와 앞에서 비추었습니다. 합쳐서 만든 모양의 그림자를 알아봅시다.

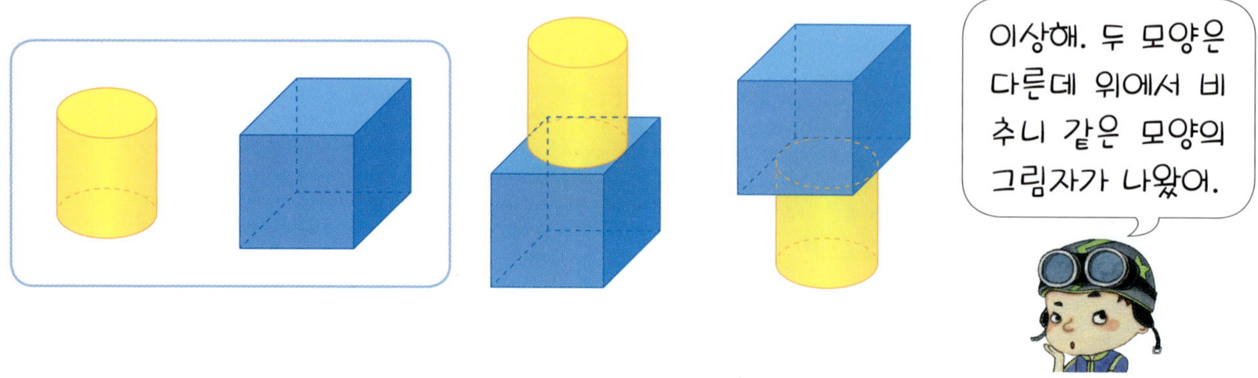

이상해. 두 모양은 다른데 위에서 비추니 같은 모양의 그림자가 나왔어.

❶ 두 조각을 위와 앞에서 손전등을 비추었을 때 생기는 그림자를 각각 그려 보시오.

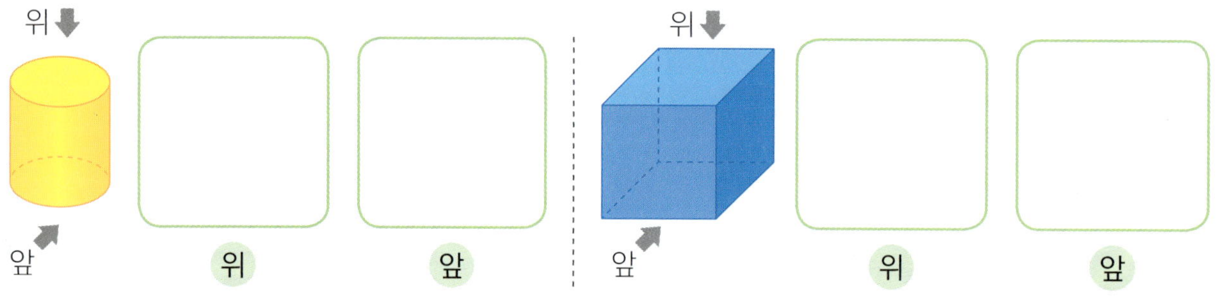

❷ 합쳐서 만든 모양을 위와 앞에서 손전등을 비추었을 때 생기는 그림자를 각각 그려 보시오.

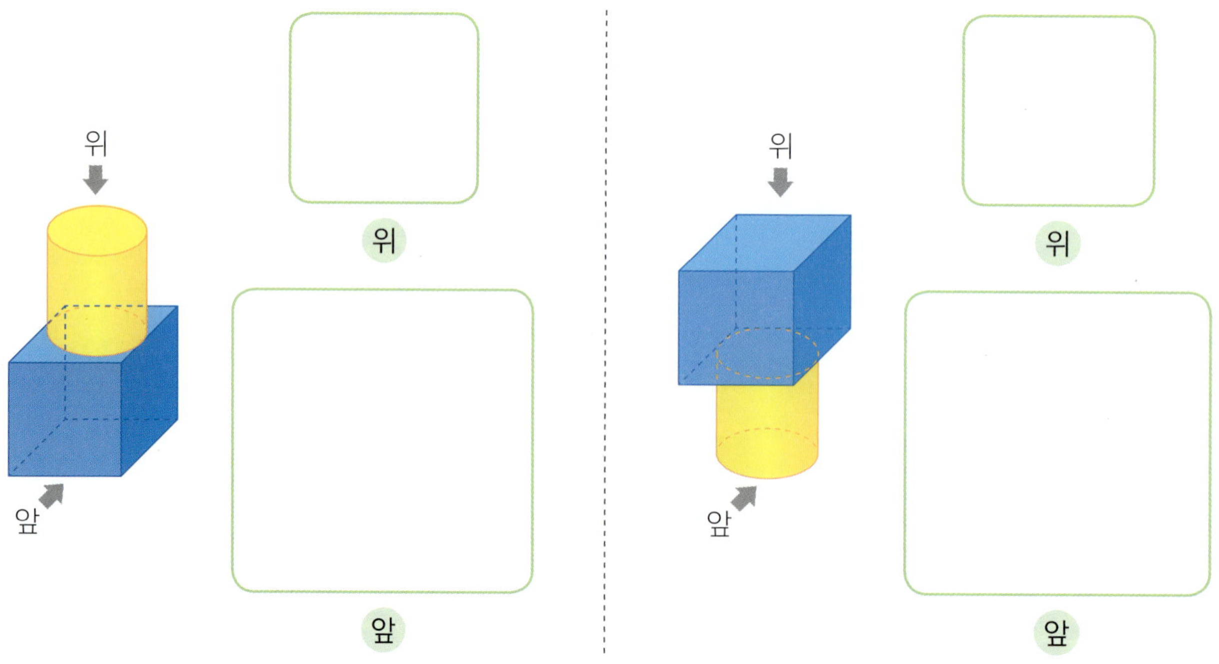

[2층 그림자]

1 왼쪽 모양을 위와 앞에서 손전등을 비추었을 때 생기는 그림자를 각각 그려 보시오.

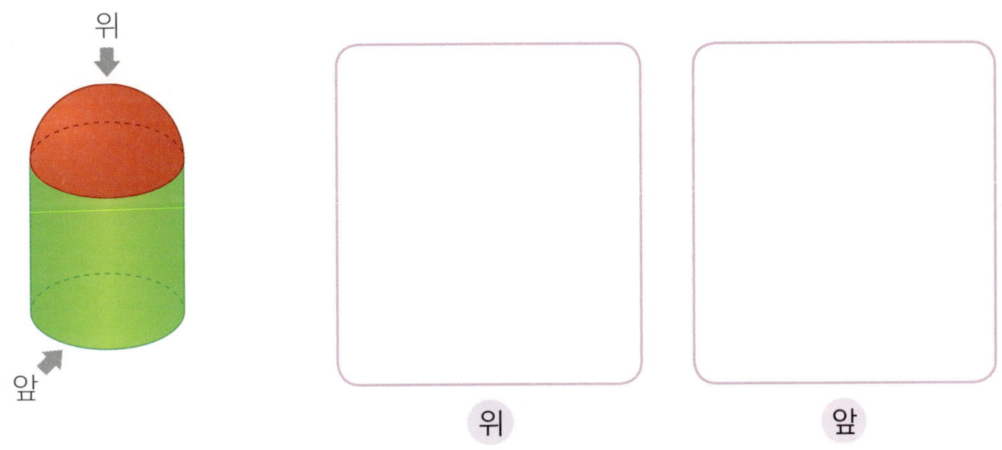

[나올 수 없는 그림자]

2 왼쪽 모양을 위, 앞, 왼쪽 옆에서 손전등을 비추었을 때 생기는 그림자가 될 수 없는 것을 찾아 ×표 하시오.

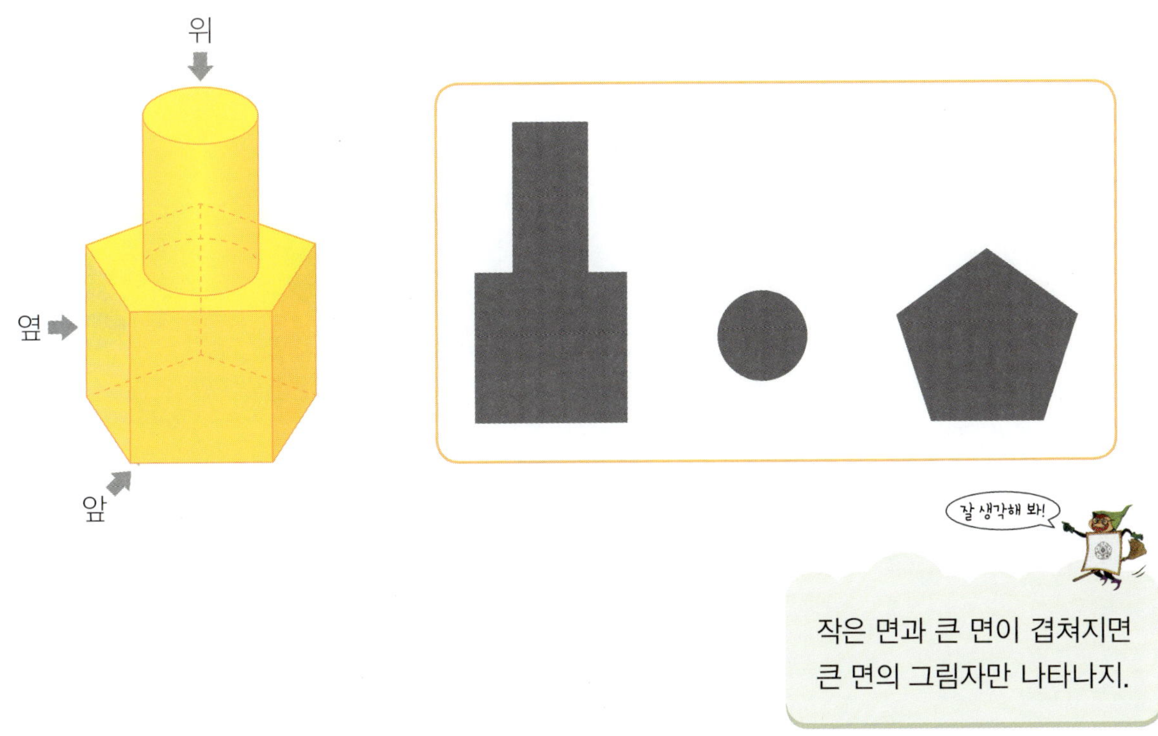

잘 생각해 봐!

작은 면과 큰 면이 겹쳐지면
큰 면의 그림자만 나타나지.

6 위, 앞, 옆

마술 상자 속에 입체도형이 숨겨져 있습니다. 태경이는 마술 상자의 위쪽 구멍을 통해 안을 들여다 보고, 아인이는 오른쪽 구멍을 통해 안을 들여다 보고 있습니다.

태경이와 아인이의 말이 모두 맞다고 합니다. 마술 상자 안에 숨겨진 모양을 찾아 ○표 하시오.

왼쪽 모양을 위, 앞, 오른쪽 옆에서 본 모양을 각각 그려 보시오.

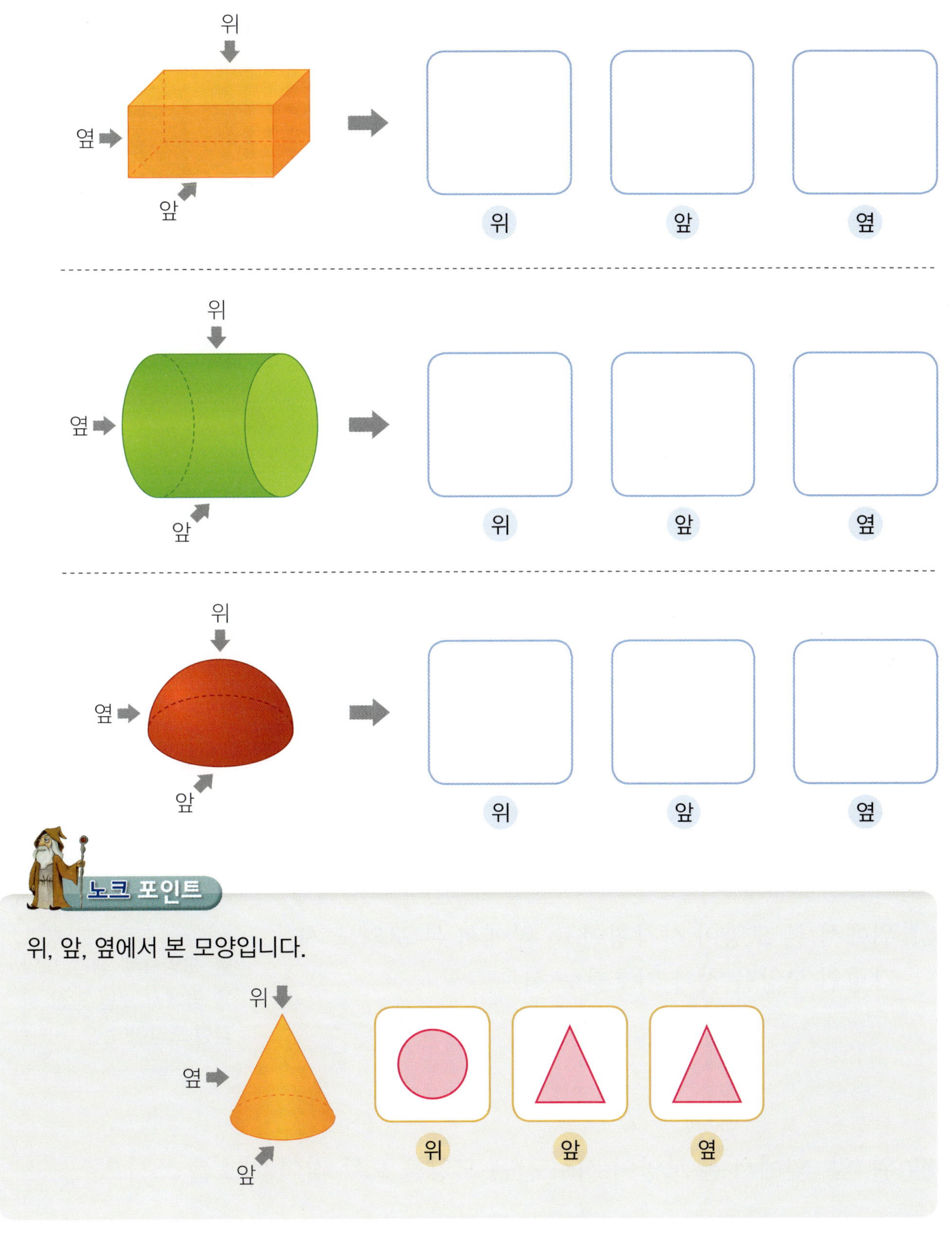

위, 앞, 옆에서 본 모양입니다.

위, 앞, 옆에서 본 모양

다음 모양을 보고 물음에 답하시오.

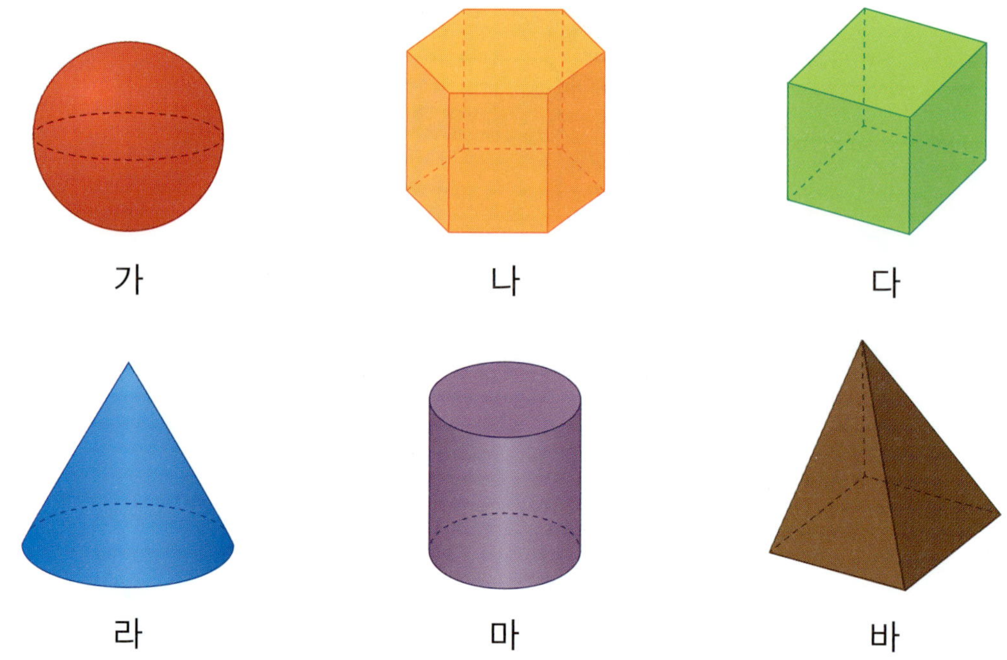

① 위에서 본 모양이 원인 모양을 모두 찾아 기호를 쓰시오.

② 옆에서 본 모양이 삼각형인 모양을 모두 찾아 기호를 쓰시오.

③ 위에서 본 모양이 사각형이고, 앞에서 본 모양도 사각형인 모양을 찾아 기호를 쓰시오.

뿔 모양으로 생긴 모양을 옆에서 보면 항상 삼각형 모양이야.

④ 위, 앞, 옆에서 본 모양이 서로 같은 모양을 모두 찾아 기호를 쓰시오.

[앞에서 본 모양이 사각형인 도형]

1 앞에서 본 모양이 사각형인 모양을 모두 찾아 ○표 하시오.

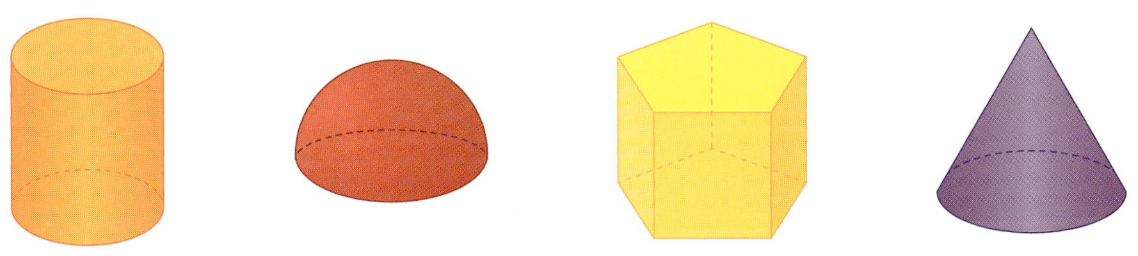

[여러 방향에서 본 모양]

2 왼쪽 모양을 여러 방향에서 보았을 때, 나올 수 없는 모양을 찾아 ×표 하시오.

쌓은 모양의 위, 앞, 옆

왼쪽 모양을 위에서 본 모양과 앞에서 본 모양을 각각 그려 보시오.

1

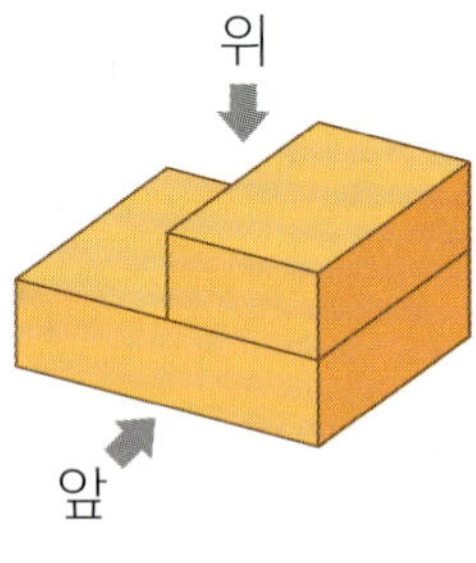

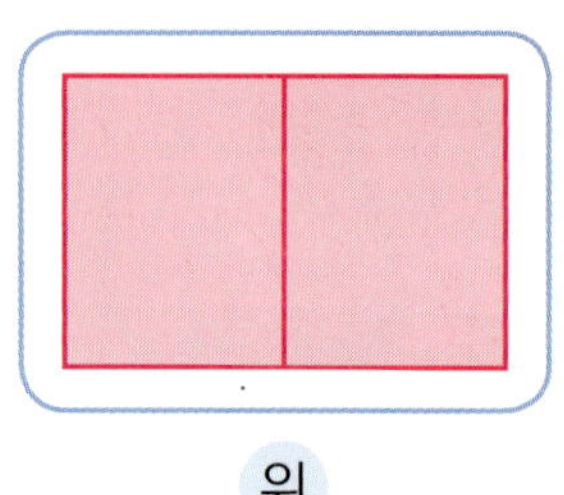

위

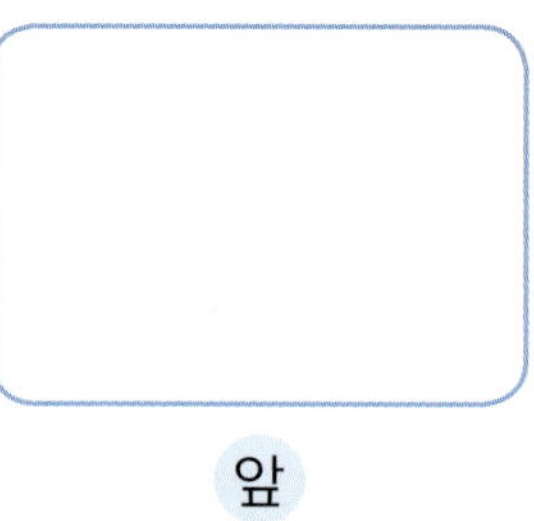

앞

2

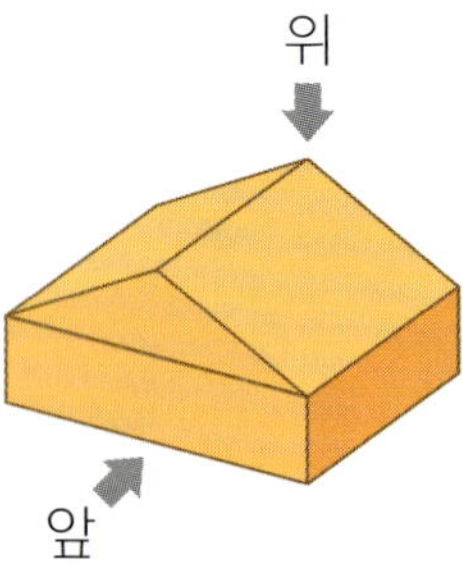

위

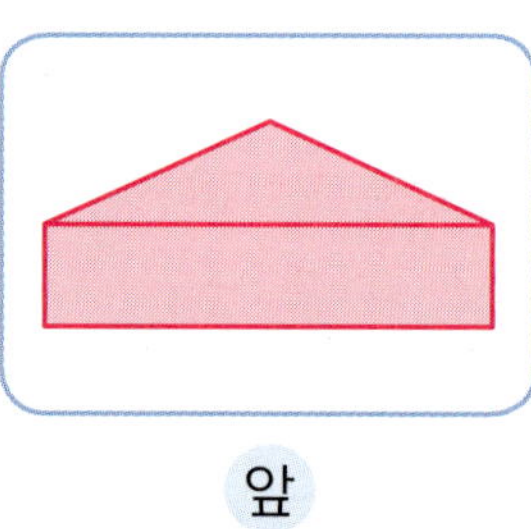

앞

3

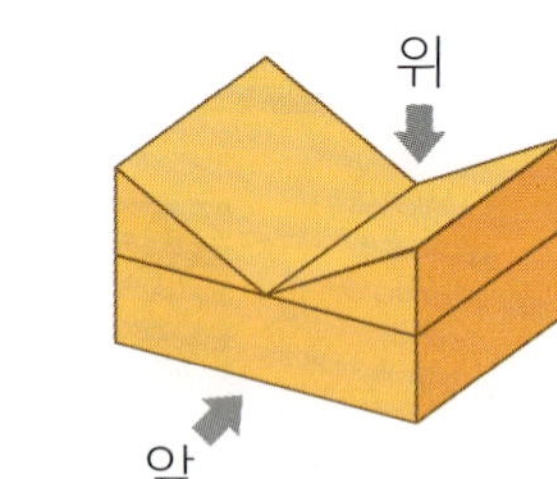

위

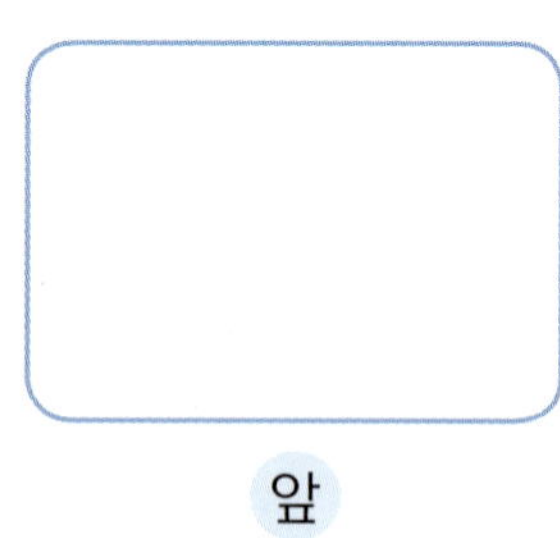

앞

[옆에서 본 모양]

1 옆에서 본 모양이 다른 하나를 찾아 기호를 쓰시오.

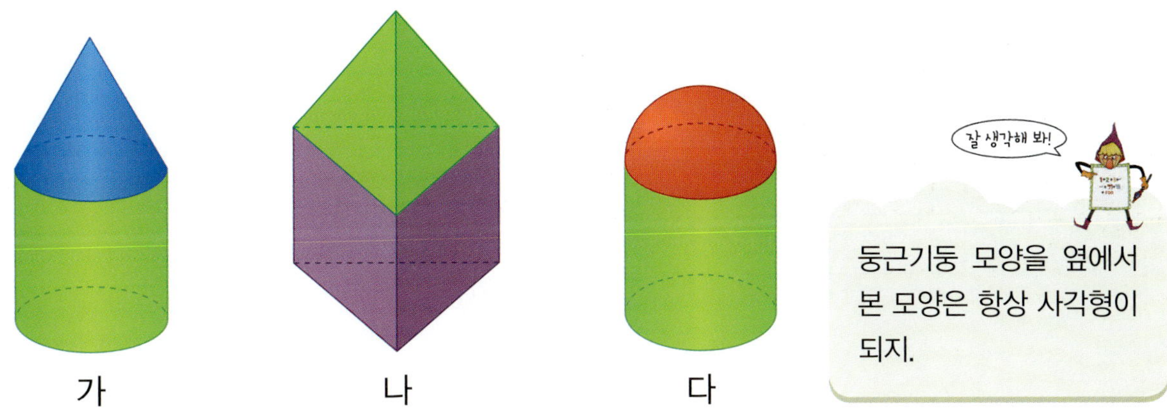

가
나
다
잘 생각해 봐!
둥근기둥 모양을 옆에서 본 모양은 항상 사각형이 되지.

[나올 수 없는 모양]

2 왼쪽 모양을 여러 방향에서 보았을 때 나올 수 없는 모양을 찾아 ×표 하시오.

창의적 문제해결력

1 왼쪽은 어떤 모양을 펼친 모양인지 찾아 기호를 쓰시오.

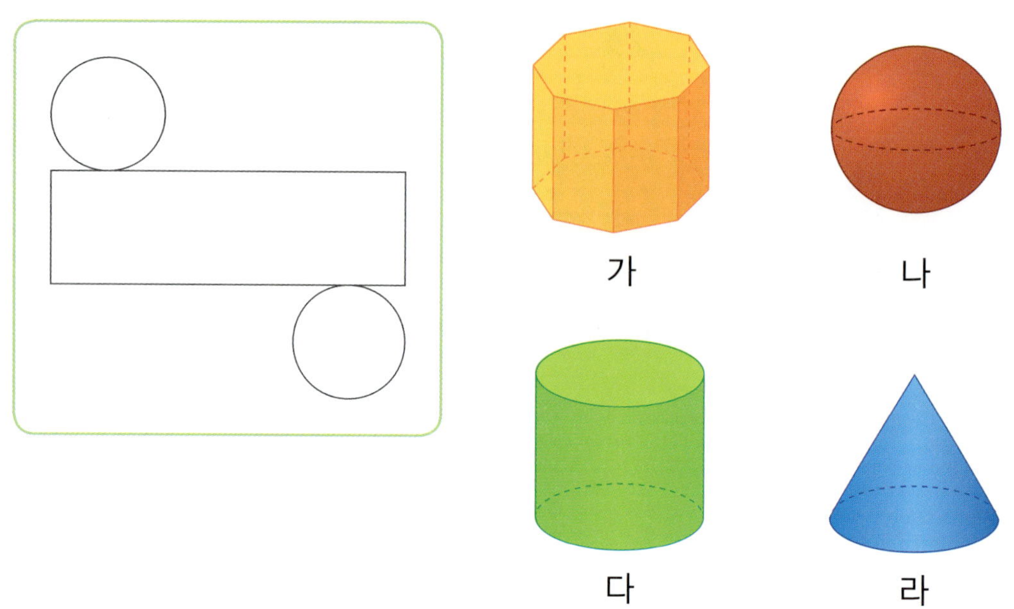

2 각 모양들이 들어갈 수 있는 문을 선으로 이어 보시오.

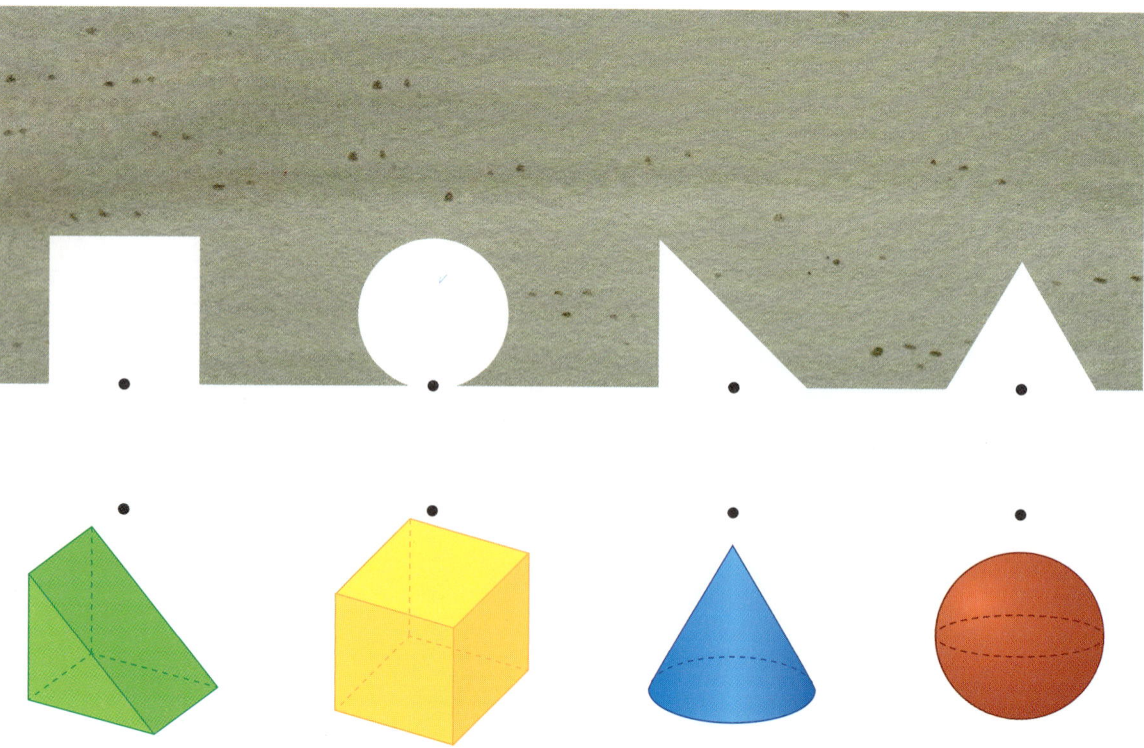

3 다음 모양을 점선을 따라 접어서 색칠한 면이 바닥면이 되도록 세웠습니다. 이 모양을 화살표 방향에서 손전등을 비추었을 때 생기는 그림자를 그려 보시오.

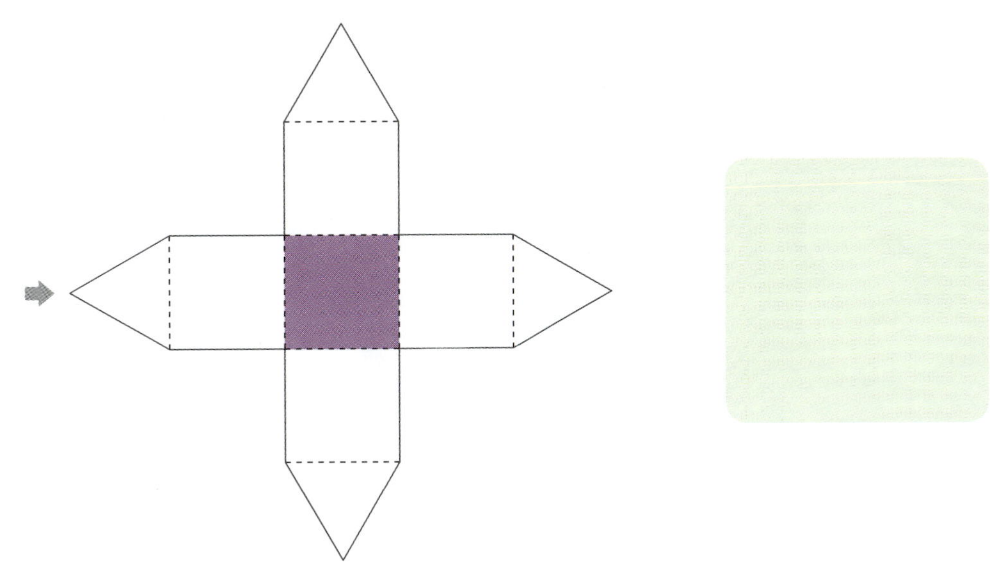

4 위에서 본 모양이 같은 모양들끼리 모인 것을 찾아 기호를 쓰시오.

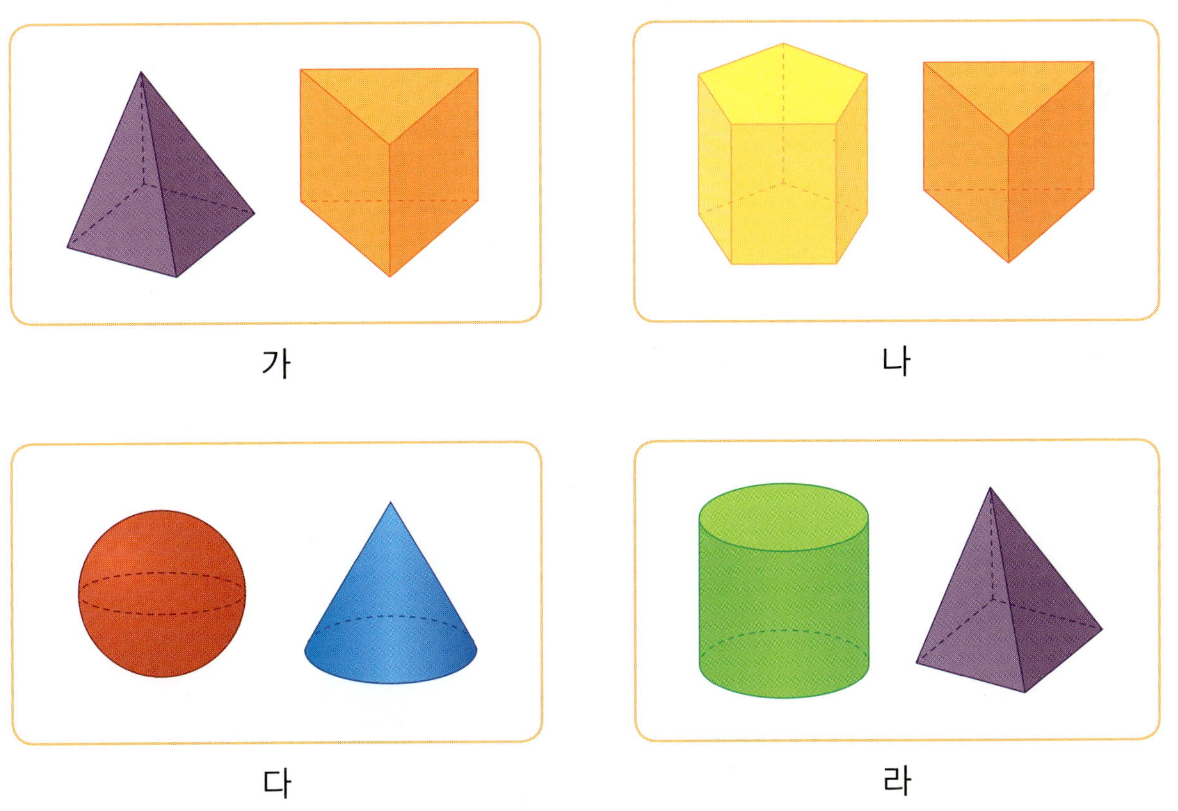

Chapter 3 색종이

구멍 뚫린 색종이

"양 한 마리를 그려 줘!"
이것이 어린 왕자가 그에게 한 첫 번째 말이었습니다. 그는 양 한 마리를 그려서 어린 왕자에게 보여 주었습니다.
"아니야. 이 양은 벌써 아파보이는 걸? 다시 그려 줘."
어쩔 수 없이 그는 다시 양을 그렸습니다.
"이건 뿔이 있잖아. 양이라기보다는 염소처럼 보여."
그래서 그는 다시 한 마리를 더 그렸습니다.
"이 양은 너무 늙었어. 나는 오래 데리고 있을 수 있는 양이 필요해."
그림에는 자신이 없던 그는 어린 왕자의 요구에 지쳤습니다. 하는 수 없이 그는 구멍이 뚫려 있는 상자 하나를 어린 왕자에게 그려 주었습니다.
"이건 상자야. 네 친구인 양은 그 안에 있어."
그러자 어린 왕자는 비로소 기뻐했습니다.
"이게 바로 내가 원하던 거야!"

왼쪽은 어린 왕자가 구멍 너머로 본 양의 모습입니다. 어린 왕자의 양을 찾아 쓰시오.

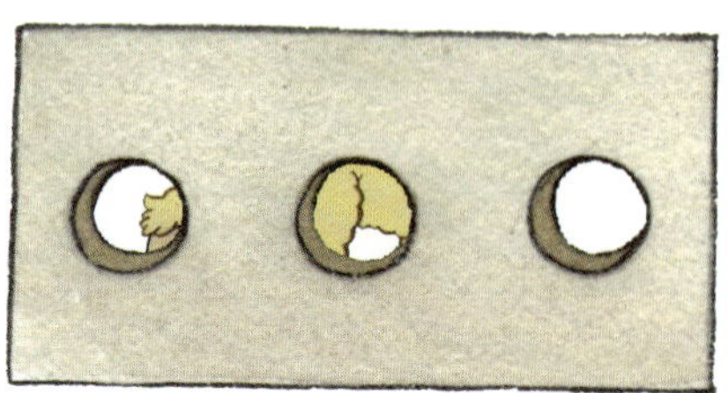

가 나 다

다음과 같이 구멍 뚫린 색종이 2장을 겹칠 때 막히는 부분에 모두 색칠하시오.

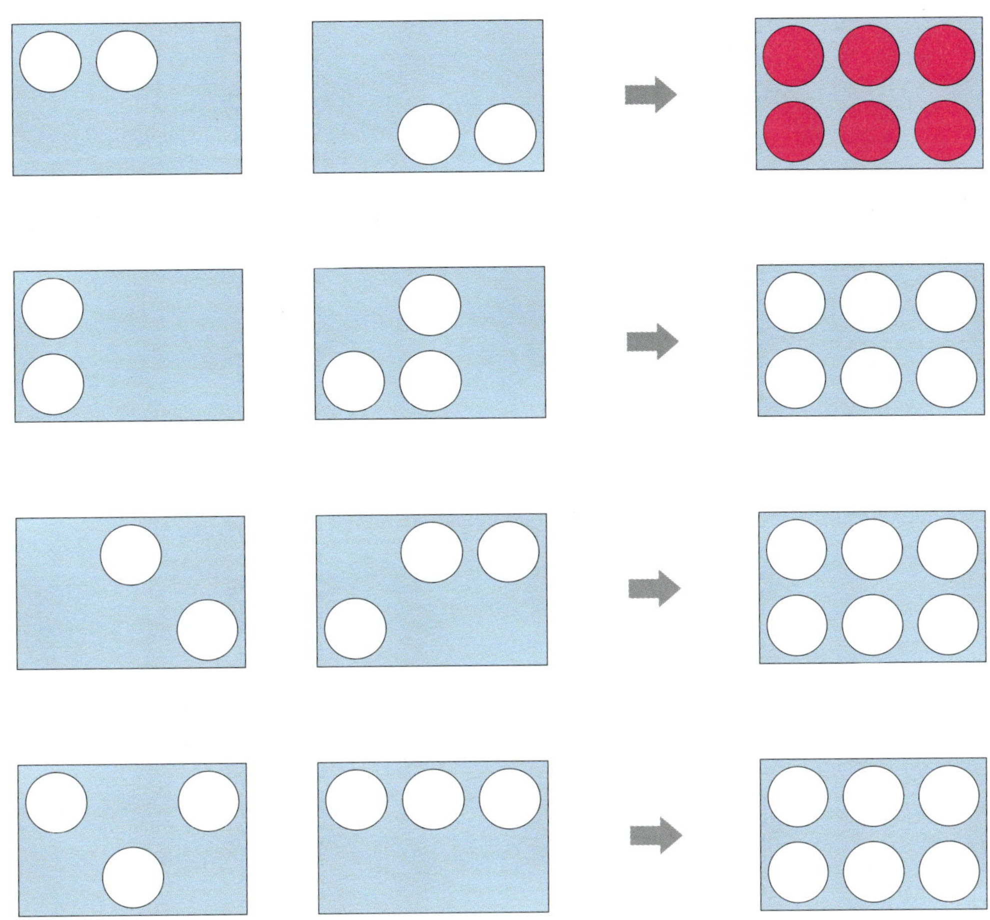

노크 포인트

구멍 뚫린 종이 2장을 겹칠 때, 같은 위치에 뚫린 구멍만 뒤쪽이 보입니다.

구멍 겹치기

다음과 같이 구멍 뚫린 카드 3장을 겹쳐 아래 9가지 색 종이 위에 올려놓을 때 보이는 색을 찾아봅시다.

❶ 구멍 뚫린 카드 3장을 겹칠 때 막히는 부분에 모두 색칠하시오.

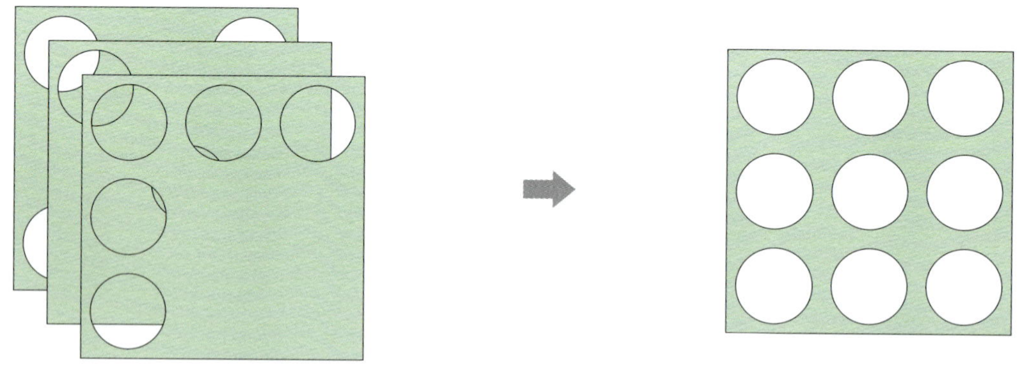

❷ 뚫린 구멍 사이로 보이는 색은 무슨 색입니까?

[과일과 채소]

1 다음과 같이 구멍 뚫린 카드 2장을 겹쳐 오른쪽 그림 위에 올려놓을 때 보이는 과일이나 채소를 모두 찾아 ○표 하시오.

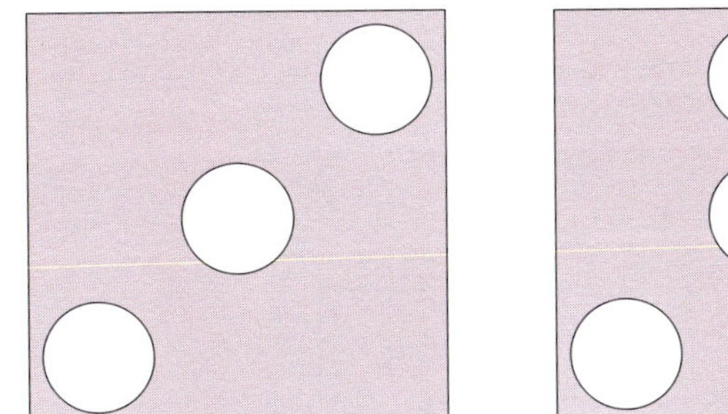

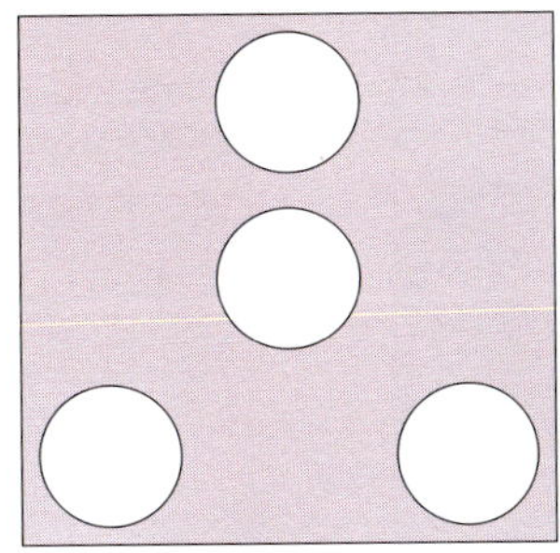

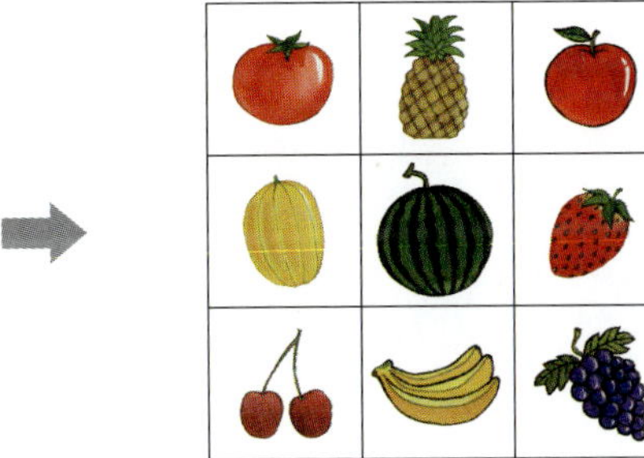

[구멍 너머 동물]

2 다음과 같이 구멍 뚫린 카드 3장을 겹쳐 아래 그림 위에 올려놓을 때 보이는 동물에 ○표 하시오.

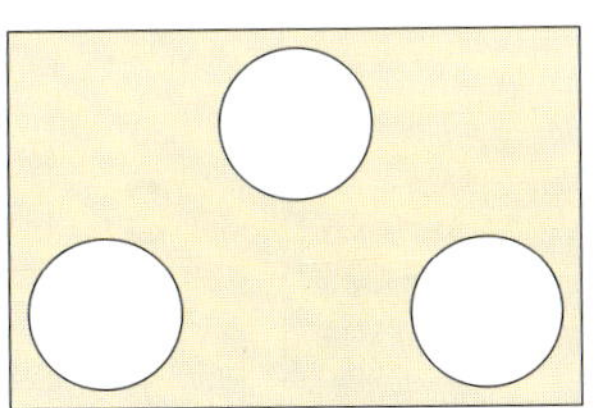

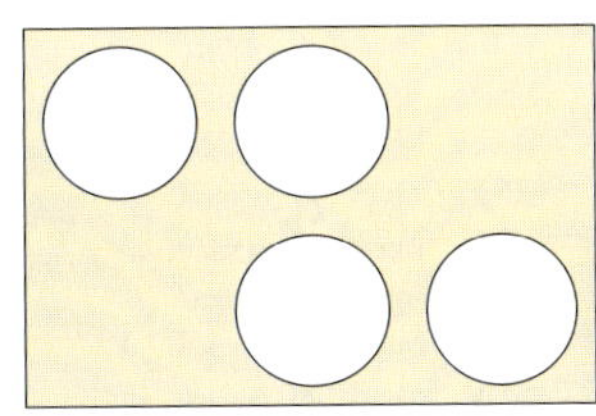

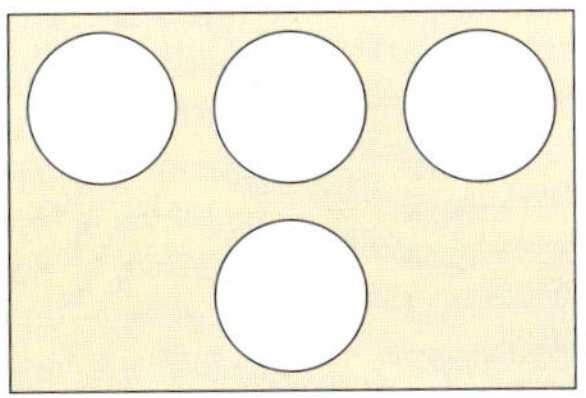

잘 생각해 봐!
카드 3장에 모두 뚫려 있는 구멍은 어디에 있는지 찾아봐.

보이는 숫자

다음과 같이 구멍 뚫린 색종이 1장을 숫자가 적힌 종이 위에 여러 가지 방법으로 돌려 가며 겹쳐놓을 때, 보이는 숫자의 합이 가장 큰 경우를 알아봅시다.

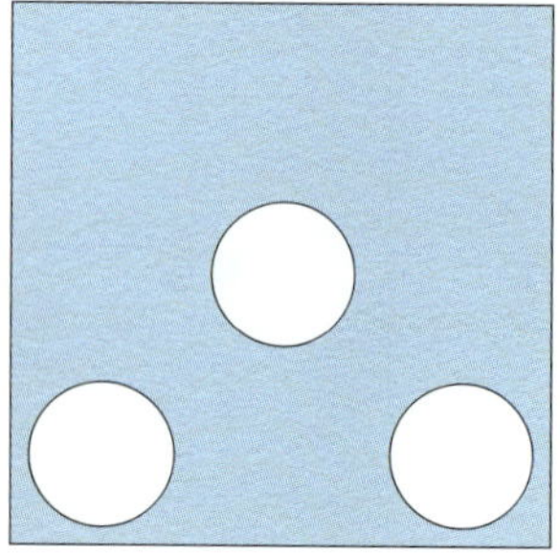

3	2	4
1	5	3
2	4	1

❶ 구멍 뚫린 색종이를 시계 방향으로 반의 반 바퀴씩 돌려가며 겹쳐놓을 때 보이는 숫자에 각각 ◯표 하시오.

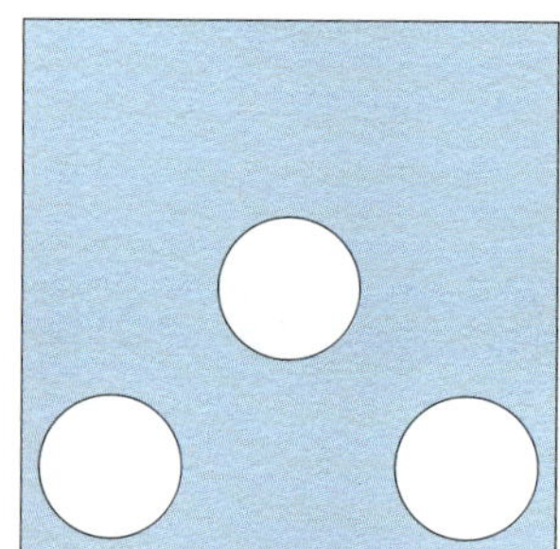

3	2	4
1	5	3
2	4	1

3	2	4
1	5	3
2	4	1

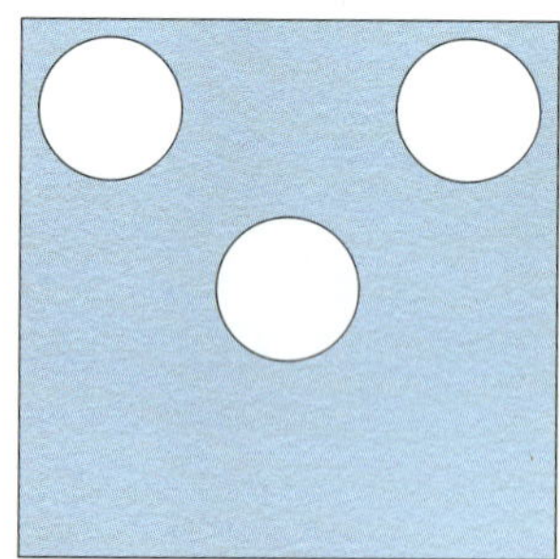

3	2	4
1	5	3
2	4	1

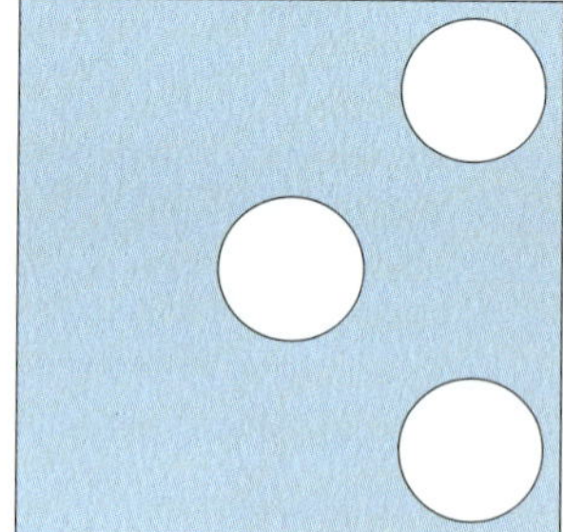

3	2	4
1	5	3
2	4	1

❷ 보이는 숫자의 합이 가장 클 때의 값을 구하시오.

[보이는 숫자의 합]

1 다음과 같이 구멍 뚫린 색종이 1장을 숫자가 적힌 종이 위에 여러 가지 방법으로 돌려 가며 겹쳐놓을 때, 보이는 숫자의 합이 가장 작은 경우의 값을 구하시오.

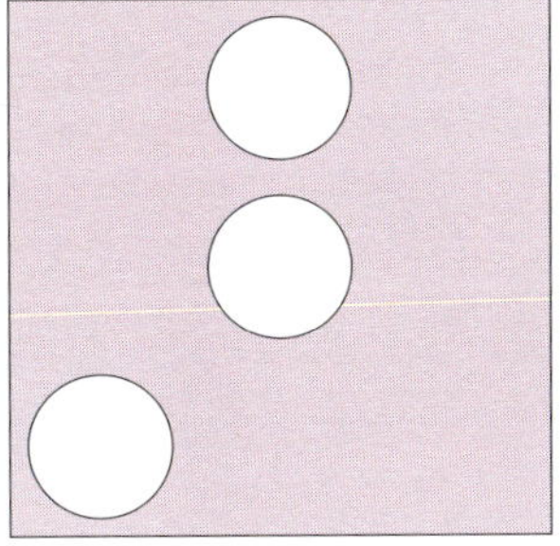

1	2	
	3	2
3	1	

[겹친 색종이 너머 숫자]

2 다음과 같이 구멍 뚫린 색종이 2장을 여러 가지 방법으로 돌려서 서로 겹친 다음 숫자가 적힌 종이 위에 겹쳐놓을 때, 보이는 숫자의 합이 가장 큰 경우의 값을 구하시오.

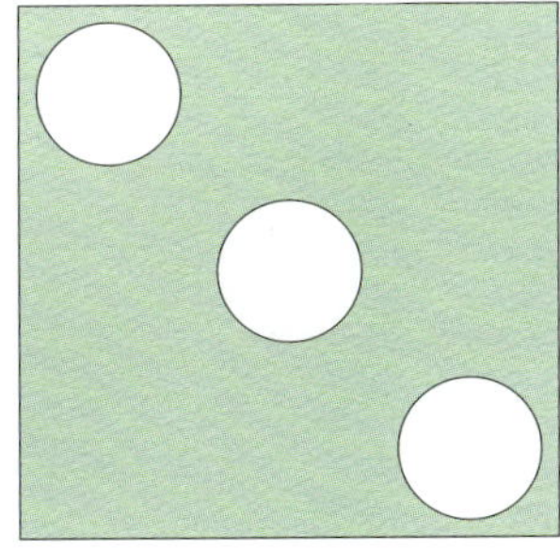

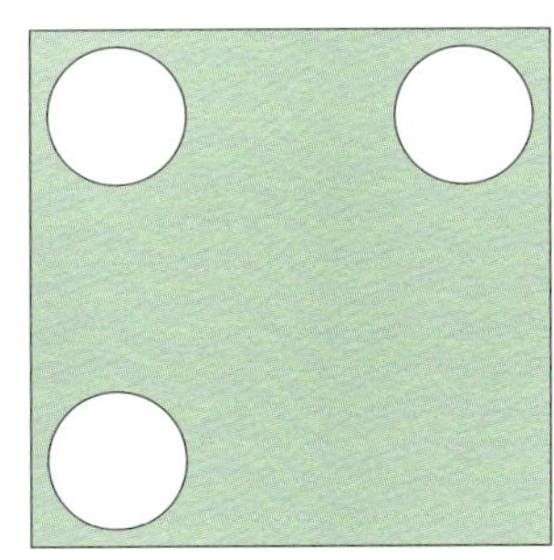

1	4	2
2	5	3
4	1	3

많은 경우가 있을 것 같지만 실제로는 겹쳐지는 구멍이 1개인 경우와 2개인 경우만 있어.

색종이 자르기

아인이는 다음과 같이 원 모양의 종이를 반으로 접어서 잘라 낸 후 펼쳐서 종이 가면을 만들었습니다.

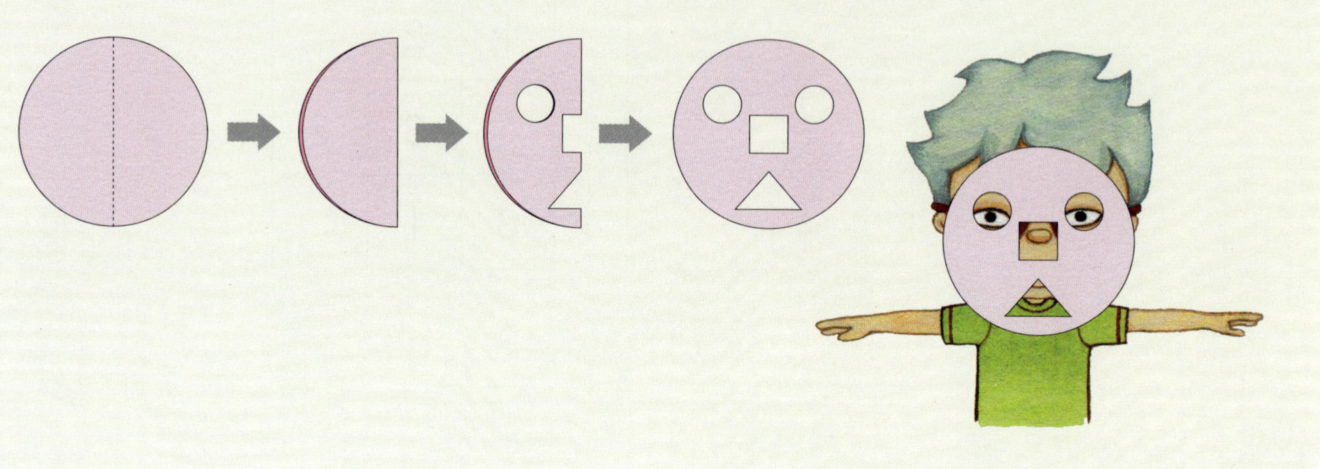

같은 방법으로 다른 모양의 가면을 만들려고 합니다. 만들어지는 모양을 그려 보시오.

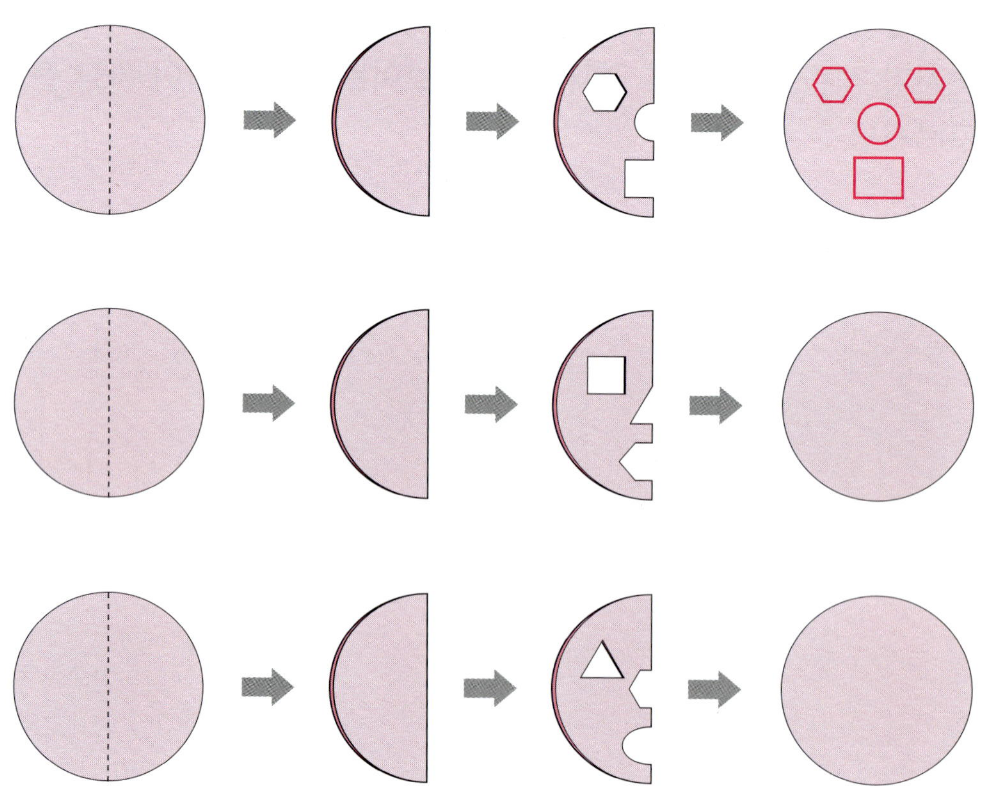

색종이를 반으로 접어서 잘라 낸 모양과 펼친 모양을 같은 것끼리 선으로 이어 보시오.

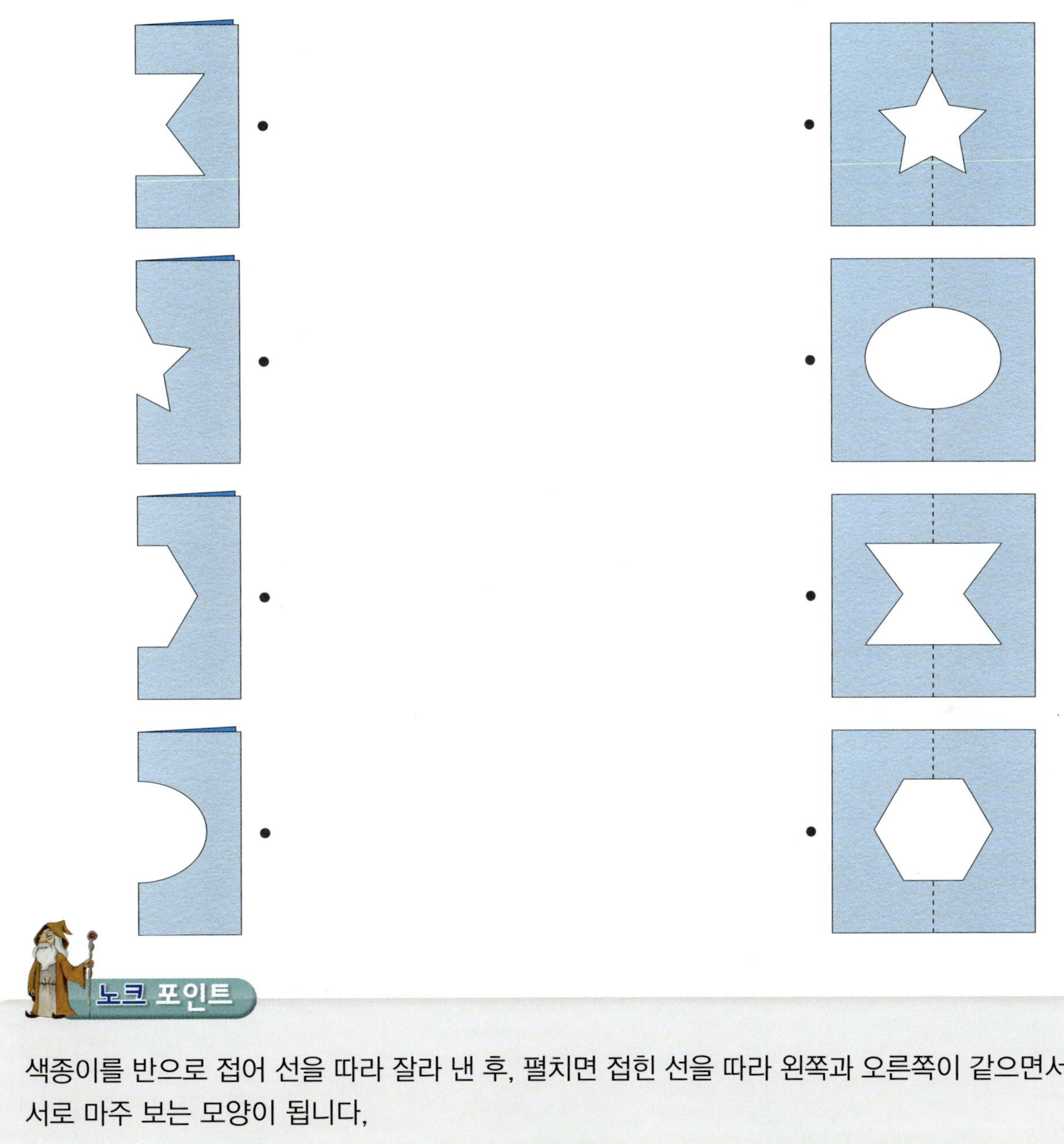

노크 포인트

색종이를 반으로 접어 선을 따라 잘라 낸 후, 펼치면 접힌 선을 따라 왼쪽과 오른쪽이 같으면서 서로 마주 보는 모양이 됩니다.

접고 펼친 모양

색종이를 반으로 접어서 자른 모양과 펼친 모양을 같은 것끼리 선으로 이어 봅시다.

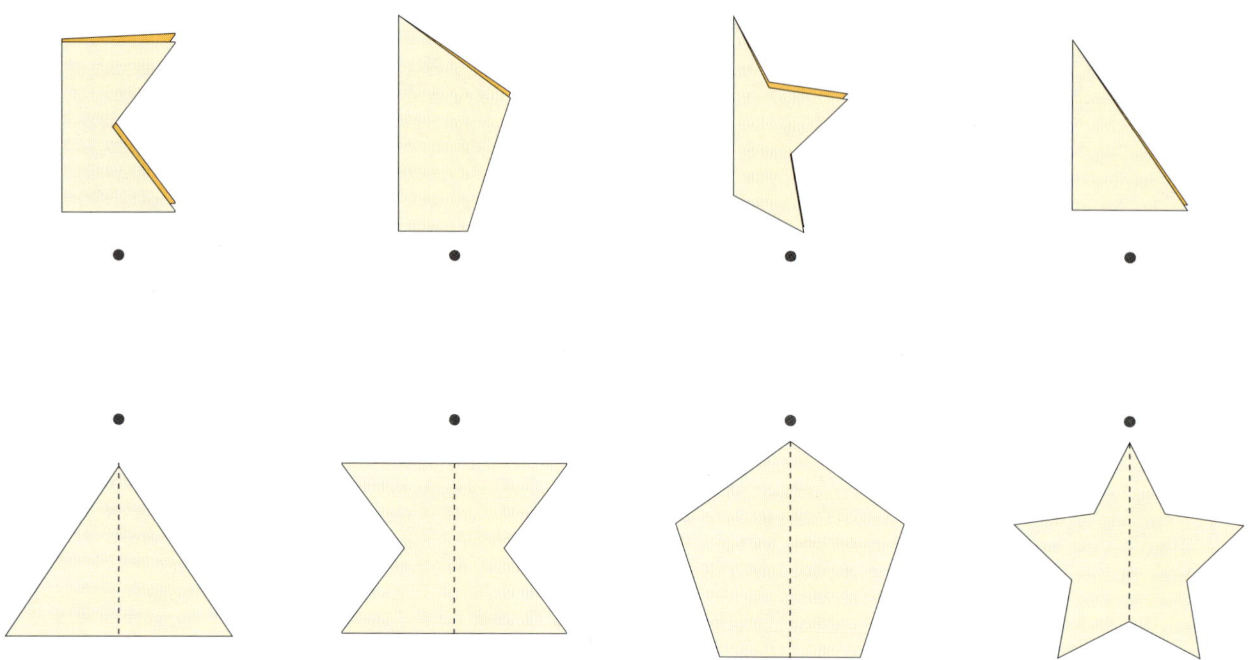

❶ 다음과 같은 방법으로 색종이를 펼쳤을 때의 모양을 그려 보시오.

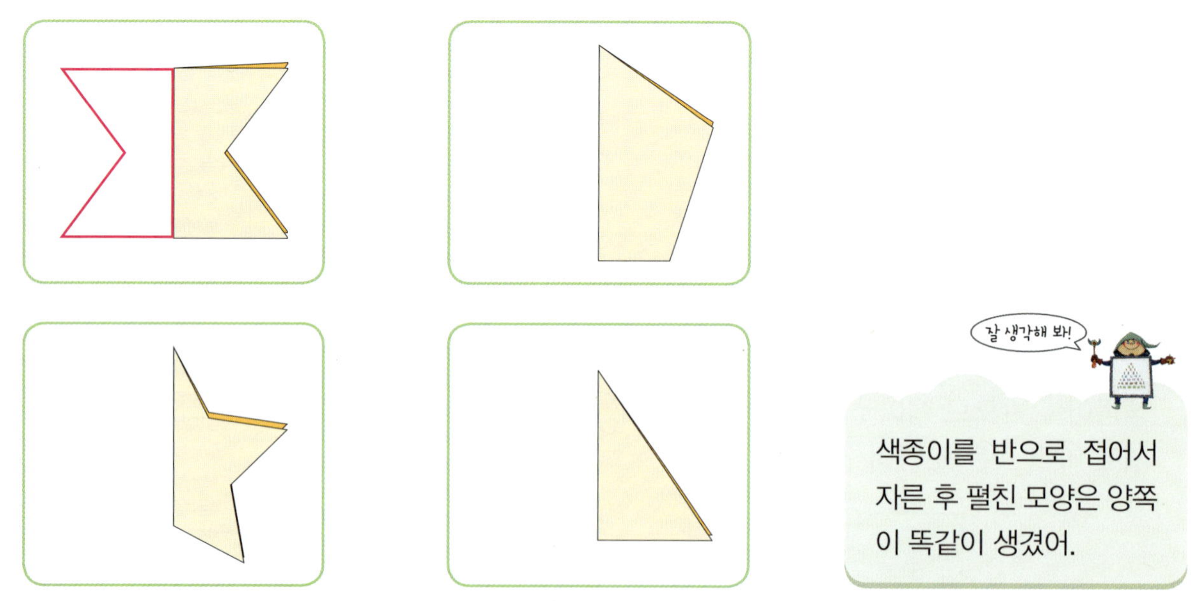
잘 생각해 봐!
색종이를 반으로 접어서 자른 후 펼친 모양은 양쪽이 똑같이 생겼어.

❷ 색종이를 자른 모양과 펼친 모양을 같은 것끼리 선으로 이어 보시오.

[펼친 모양 그리기]

1 색종이를 반으로 접어서 자른 모양입니다. 이 색종이를 펼친 모양을 그려 보시오.

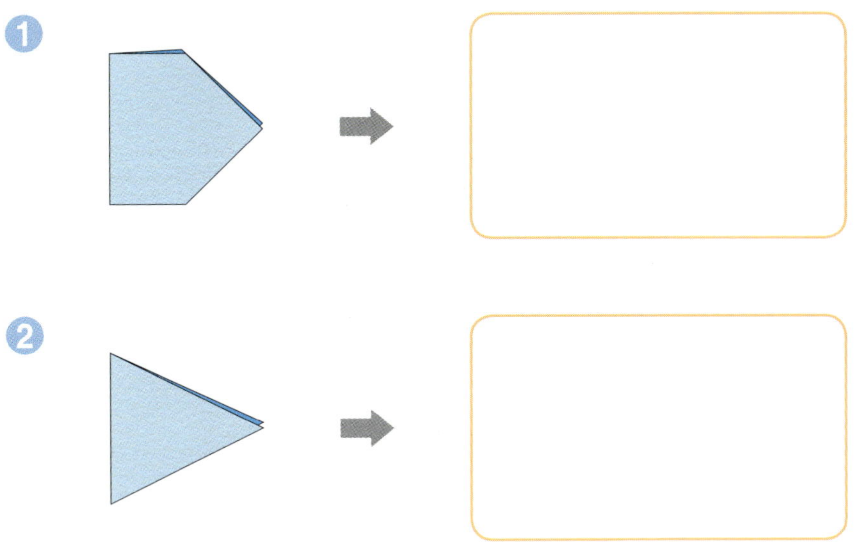

[접힌 선 그리기]

2 색종이를 반으로 2번 접었다가 펼쳤을 때 접힌 선을 오른쪽 색종이에 그려 보시오.

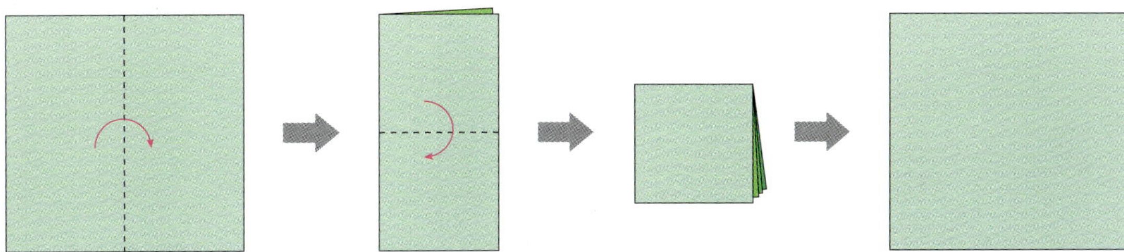

자르고 펼친 모양

색종이를 반으로 접어서 색칠한 부분을 잘라 낸 후 펼친 모양을 그려 봅시다.

1

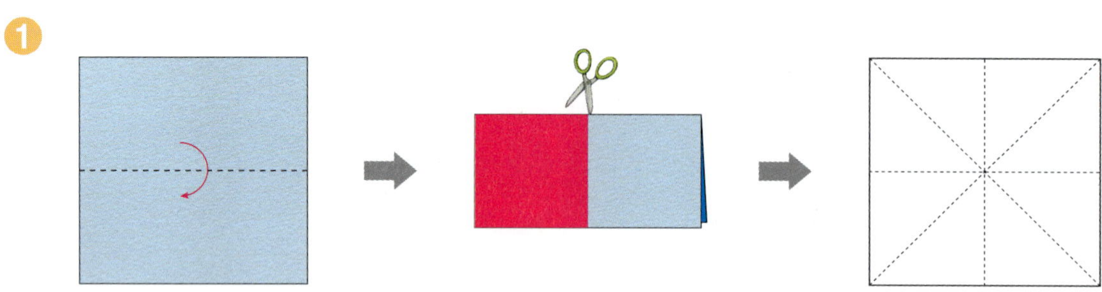

2

3

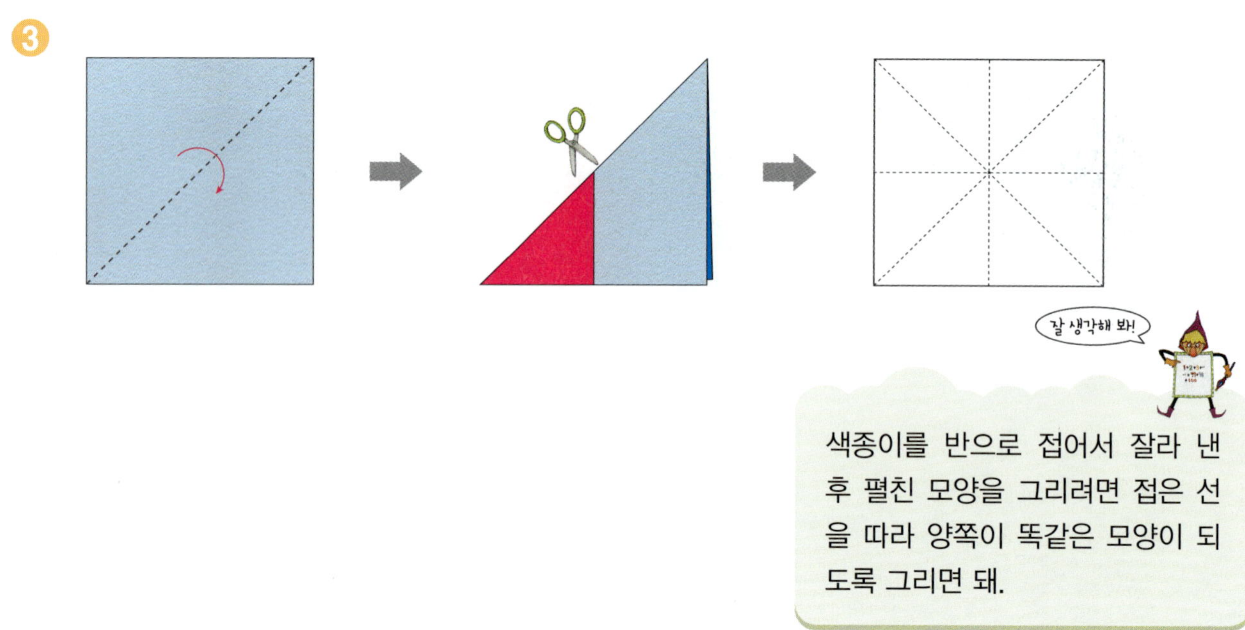

색종이를 반으로 접어서 잘라 낸 후 펼친 모양을 그리려면 접은 선을 따라 양쪽이 똑같은 모양이 되도록 그리면 돼.

[자르고 남은 모양]

1 색종이를 반으로 접어서 잘라 낸 후 펼쳤을 때, 잘라 낸 모양을 오른쪽 색종이에 그려 보시오.

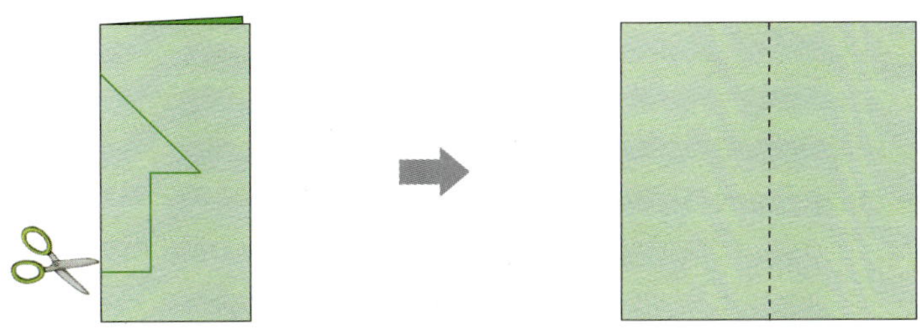

[잘라 낸 선 그리기]

2 색종이를 반으로 접어서 잘라 낸 후 펼친 모양이 다음과 같을 때, 잘라 낸 선을 왼쪽 색종이에 그려 보시오.

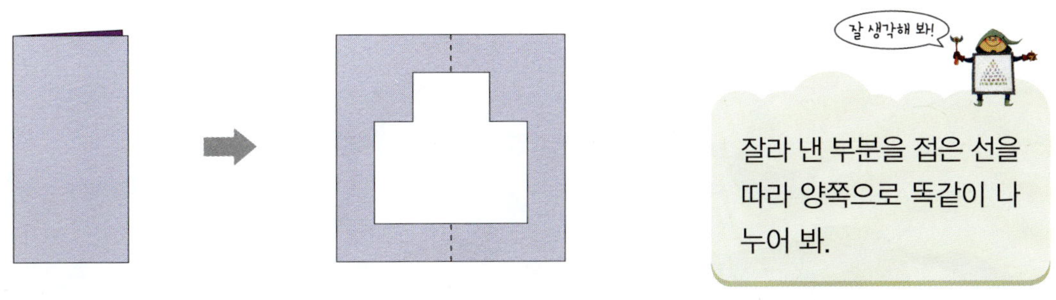
잘 생각해 봐!
잘라 낸 부분을 접은 선을 따라 양쪽으로 똑같이 나누어 봐.

9 겹쳐진 색종이

지오, 초이, 아인, 태경이가 앞뒤로 나란히 서서 사진을 찍었습니다.

나는 여자 아이들보다 뒤에 있고 태경이보다 앞에 있어.
나는 아인이에게 가려지니 아인이보다 뒤에 있어.
내가 맨 앞이네! 날 가리는 사람은 아무도 없으니까.
내 앞에 있는 것은 지오 뿐이야.

카메라로 경주마들이 달리는 옆 모습을 찍었습니다. 카메라와 가장 가까운 경주마부터 순서대로 빈칸에 번호를 써넣으시오.

5				

⑬ 왼쪽 색종이 ①, ②, ③을 번호 순서대로 위에서 아래로 놓이게 해서 오른쪽과 같이 겹쳤습니다. 겹쳐진 모양에 색종이의 윤곽선을 알맞게 그려 보시오.

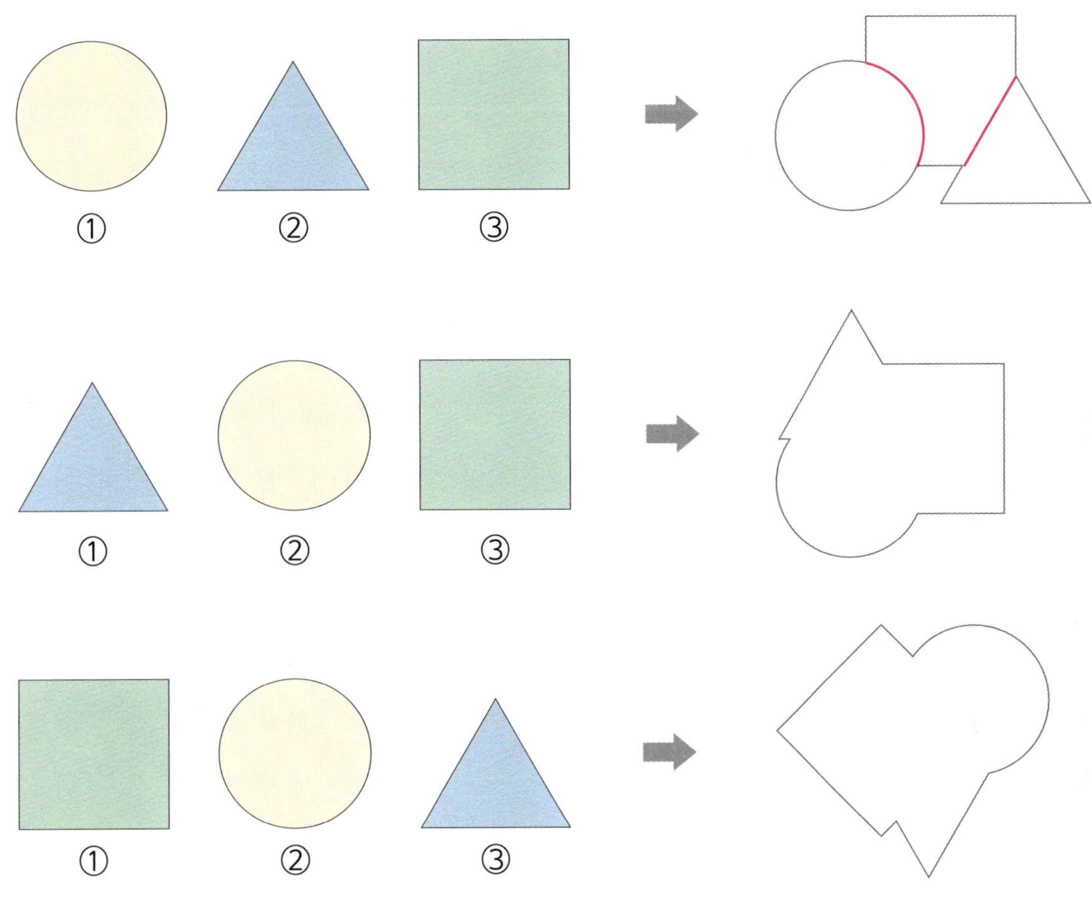

노크 포인트

위에 있는 색종이부터 한 장씩 빼면서 색종이가 겹쳐진 순서를 알아봅니다.

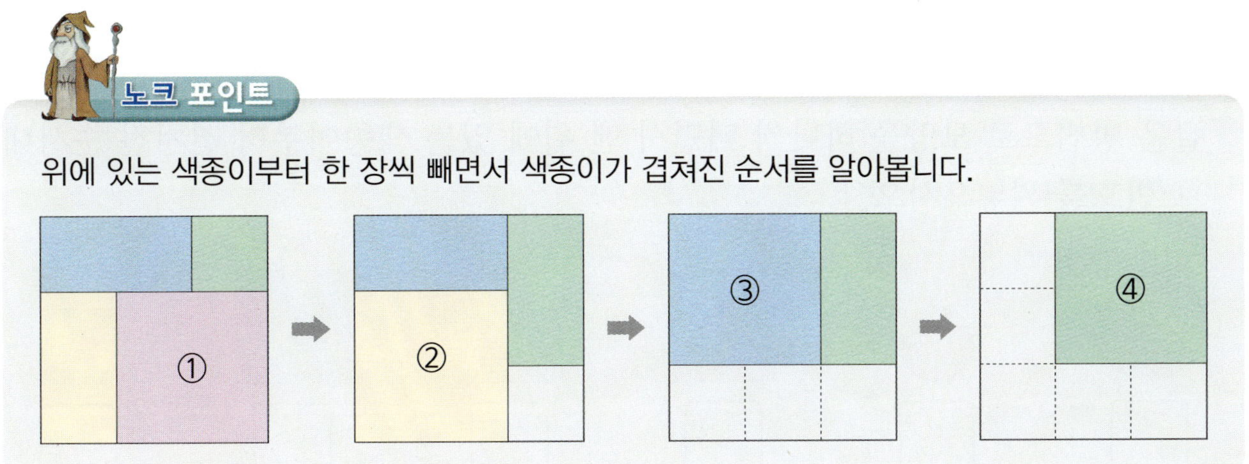

겹쳐진 도형의 순서

색종이를 삼각형, 사각형, 원 모양으로 2개씩 잘라서 다음과 같이 겹쳤습니다. 겹쳐진 순서를 알아봅시다.

❶ 맨 위에 있는 원 모양을 뺀 모양은 다음과 같습니다. 분홍색 원 모양 바로 아래에 있는 두 번째 모양에 ◯표 하시오.

❷ 같은 방법으로 모양을 하나씩 빼면서 맨 위에 있는 색종이부터 겹쳐진 순서대로 번호를 써넣으시오.

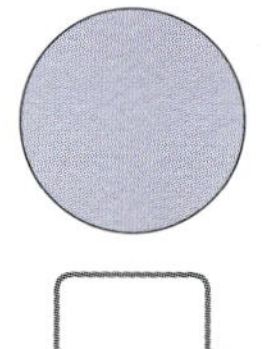  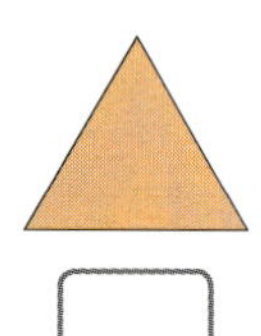 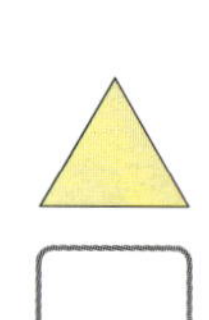   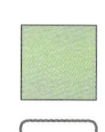

☐	☐	☐	☐	☐	☐

[겹쳐진 순서 찾기]

1 여러 가지 도형을 다음과 같이 겹쳤습니다. 위에서 세 번째에 있는 도형은 몇 번입니까?

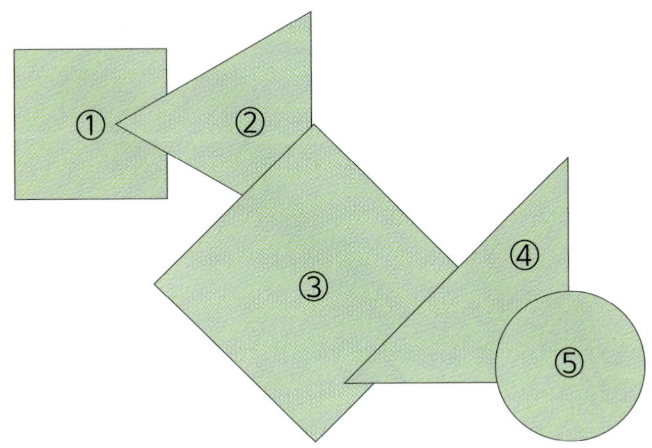

[원 위의 도형]

2 삼각형, 사각형, 원 모양 색종이를 다음과 같이 겹쳤습니다. 원 위에 있는 삼각형과 사각형은 모두 몇 개입니까?

잘 생각해 봐!
원 위에 있으면 원을 가리고 있는 것이 당연해. 원을 가리고 있는 삼각형과 사각형을 찾아봐.

겹쳐진 색종이의 순서

크기가 모두 같은 사각형 모양 색종이 6장을 겹쳤습니다. 색종이가 겹쳐진 순서를 알아봅시다.

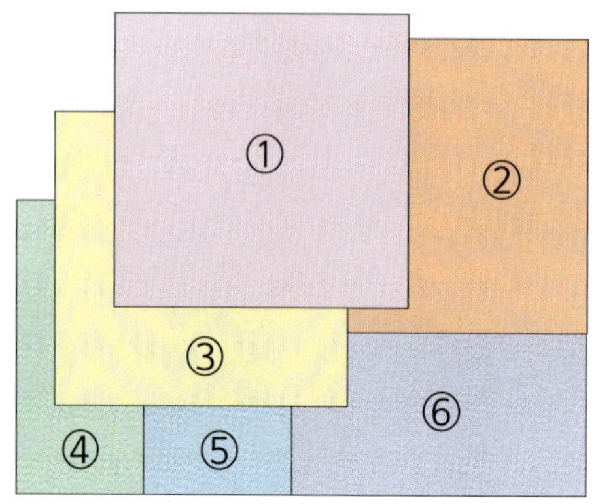

❶ 맨 위에 있는 색종이는 몇 번입니까?

❷ 맨 위에 있는 색종이를 뺀 모양은 다음과 같습니다. 맨 위에 있는 색종이 바로 아래에 있는 두 번째 색종이는 몇 번입니까?

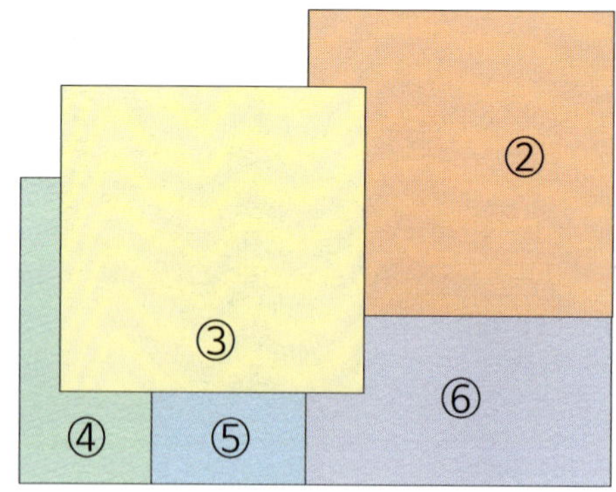

❸ 같은 방법으로 색종이를 하나씩 빼면서 맨 위에 있는 색종이부터 겹쳐진 순서대로 번호를 써넣으시오.

[삼각형 겹치기]

1 크기가 같은 삼각형 모양 색종이 6장을 겹쳤습니다. 밑에서 두 번째에 있는 색종이를 찾아 ○표 하시오.

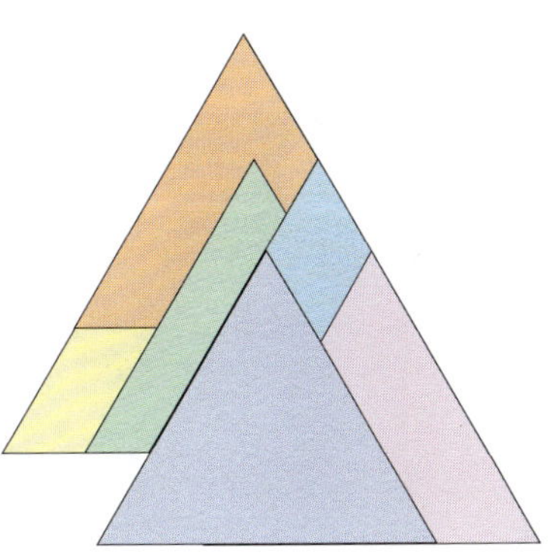

[위에 놓인 색종이의 수]

2 크기와 모양이 같은 색종이 5장을 다음과 같이 겹쳤습니다. 가 색종이 위에 있는 색종이는 모두 몇 장입니까?

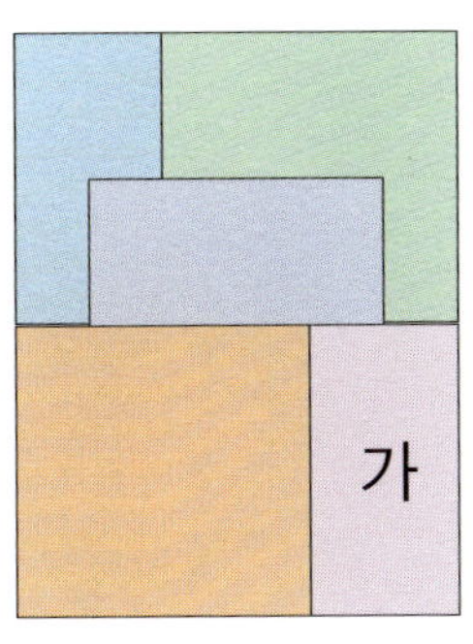

이것도 몰라!
가 색종이 위에 몇 장이 있는지 알려면 **가** 색종이가 위에서 몇 번째인지 알아야 해.

창의적 문제해결력

1 다음과 같이 구멍 뚫린 색종이 2장을 여러 가지 방법으로 돌려서 서로 겹친 다음, 숫자가 적힌 종이 위에 겹쳐 놓을 때, 보이는 숫자의 합이 가장 큰 경우의 값을 구하시오.

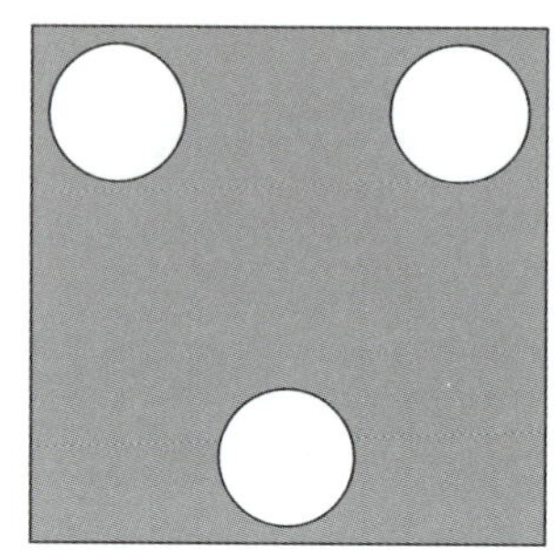

1		2
3		
2	3	1

2 색종이를 반으로 접어서 자른 후 펼친 모양이 다음과 같을 때 접힌 선을 그려 보시오.

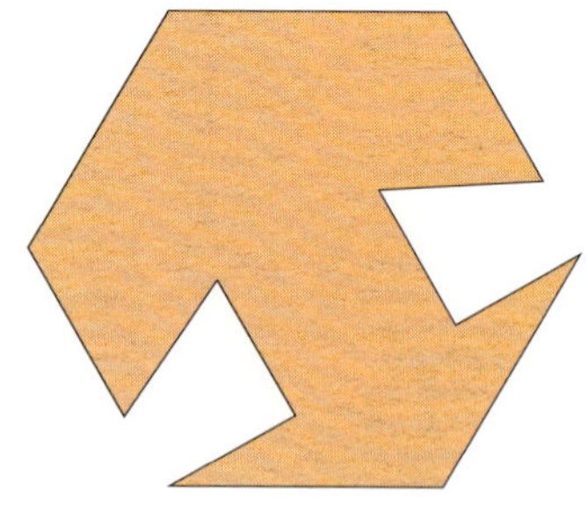

동영상 특강
QR 코드를 찍어 보세요!!!

3 색종이를 반으로 접어서 잘라 낸 후 펼친 모양이 다음과 같을 때 잘라 낸 선을 왼쪽 색종이에 그려 보시오.

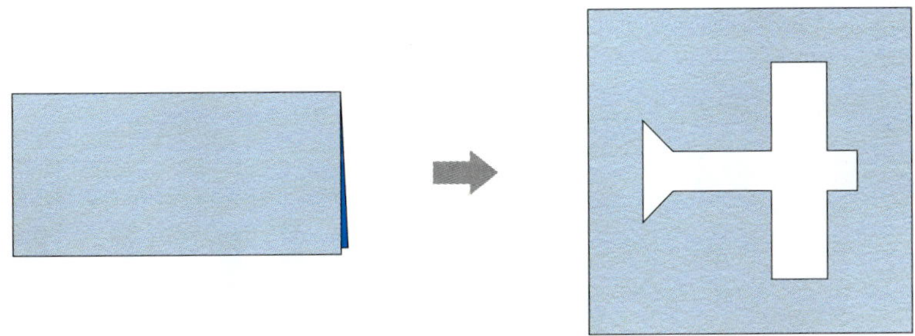

4 크기가 같은 사각형 모양 색종이 4장과 원 모양 색종이 3장을 겹쳤습니다. 맨 위에 있는 색종이부터 겹쳐진 순서대로 번호를 써넣으시오.

□ − □ − □ − □ − □ − □ − □

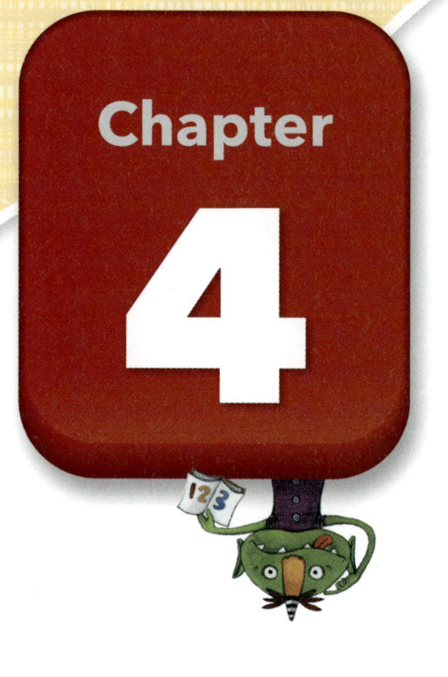

Chapter 4

쌓기나무 위, 앞, 옆

10 쌓기나무의 위, 앞, 옆

쌓기나무 마을의 박물관에 전시된 미술품을 누군가 훔쳐 갔습니다. 범인은 알 수 없지만 박물관에 설치된 카메라에 찍힌 사진을 통해 범인의 모습을 알아볼 수 있습니다.

[위에서 찍은 사진]

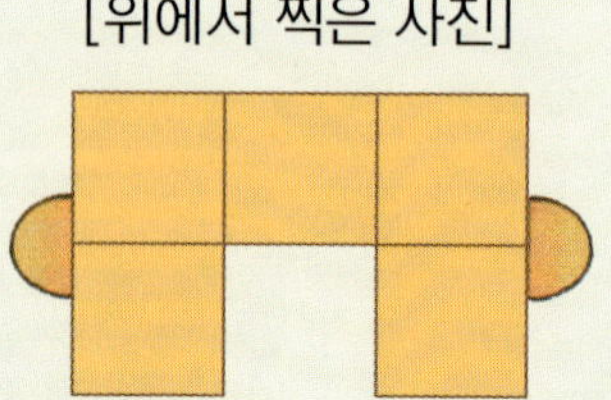

[앞에서 찍은 사진]

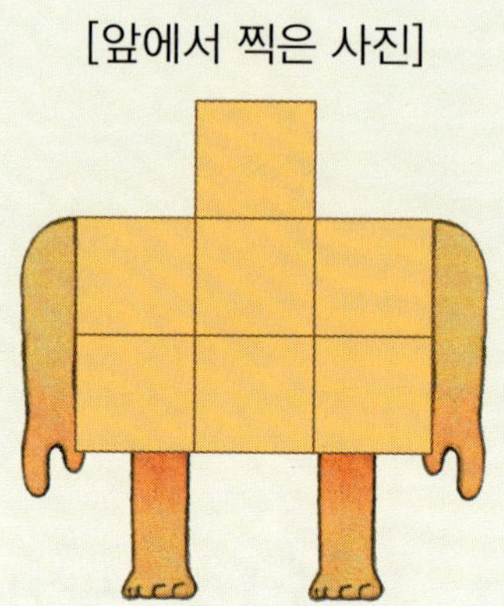

주어진 단서를 통해 범인을 찾아 ○표 하시오.

위에서 찍은 사진을 보면 범인의 몸이 울퉁불퉁한 걸 알 수 있지.

쌓기나무로 쌓은 모양을 화살표 방향에서 본 모양을 찾아 ○표 하시오.

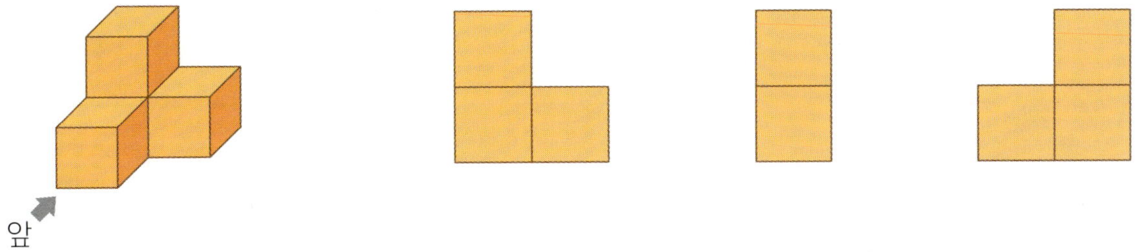

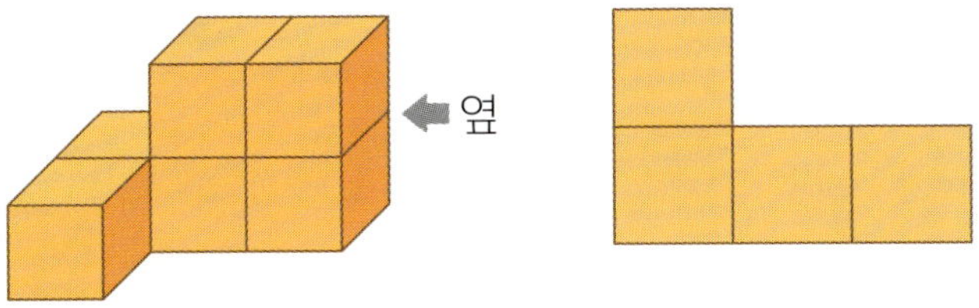

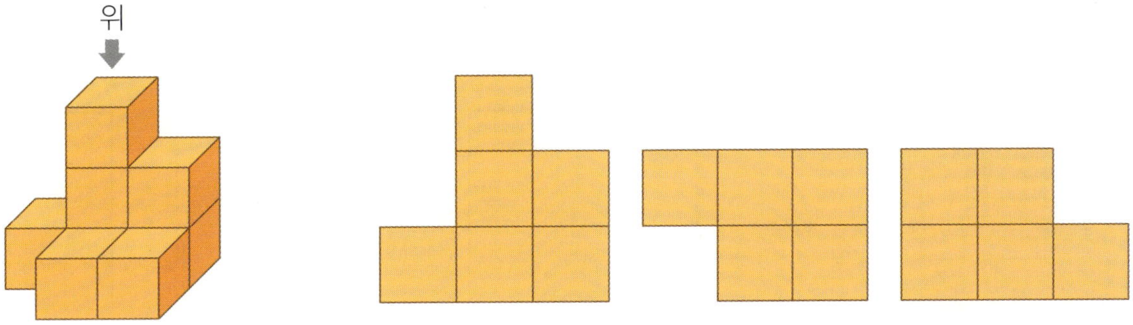

노크 포인트

앞과 옆에서 본 모양은 각 방향에서 보았을 때 각 줄의 가장 높은 쌓기나무의 층수를 나타냅니다.

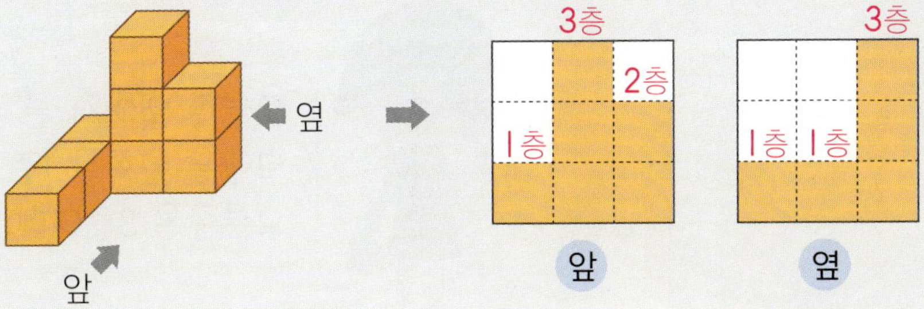

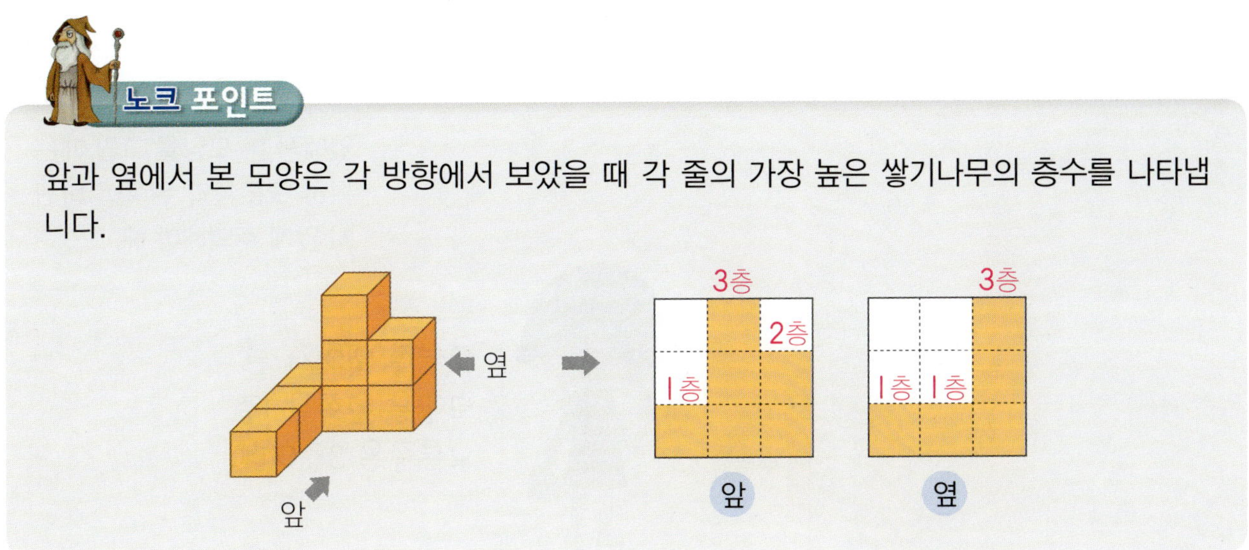

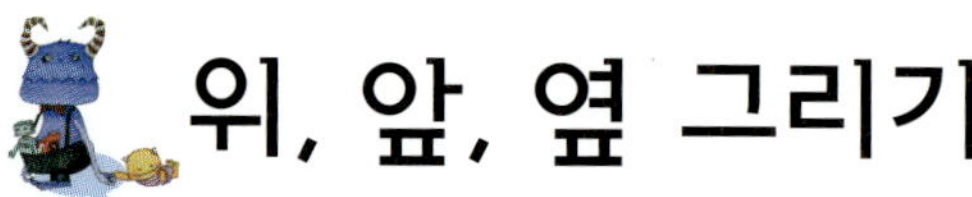

쌓기나무로 쌓은 모양을 위, 앞, 오른쪽 옆에서 본 모양을 각각 그려 보시오.

1

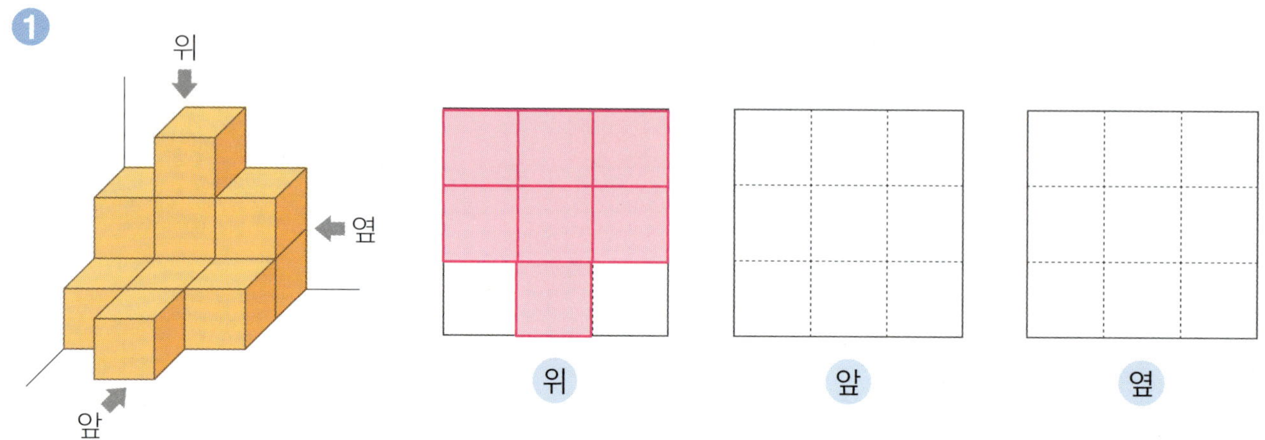

2

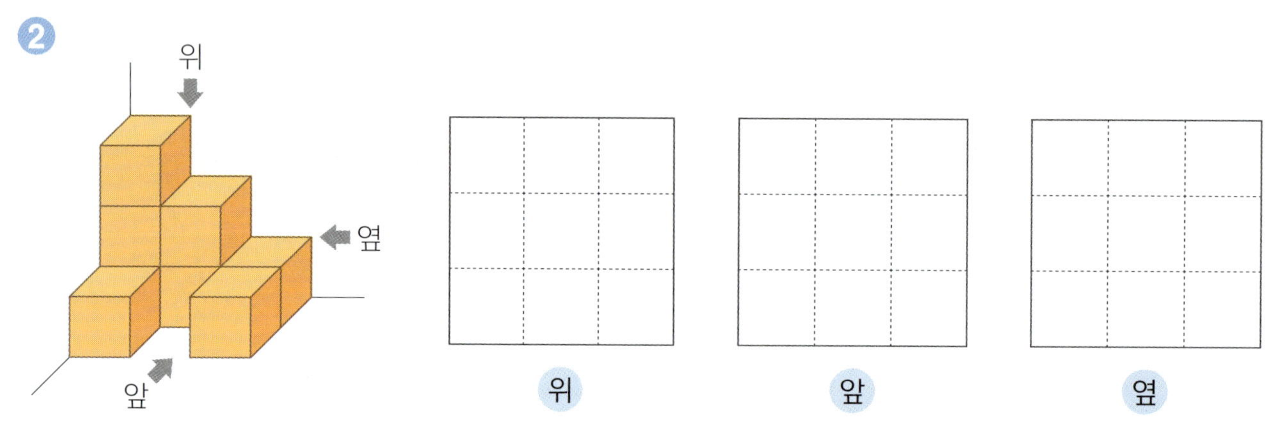

옆에서 본 모양을 그릴 때는 특히 오른쪽과 왼쪽이 바뀌지 않게 주의해야 해.

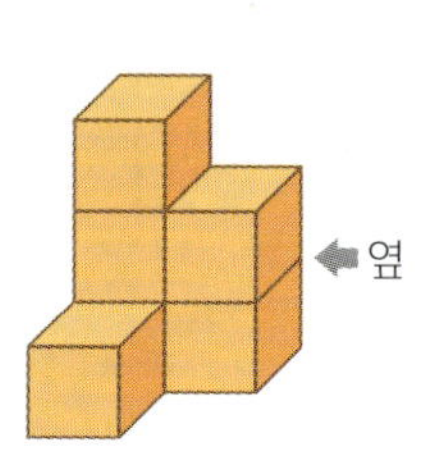

오른쪽 옆에서 본 모양은 왼쪽은 1층, 오른쪽은 3층이네.

[위, 앞, 옆 찾기]

1 쌓기나무로 쌓은 모양을 위, 앞, 오른쪽 옆에서 본 모양을 찾아 각각 '위', '앞', '옆'을 써넣으시오.

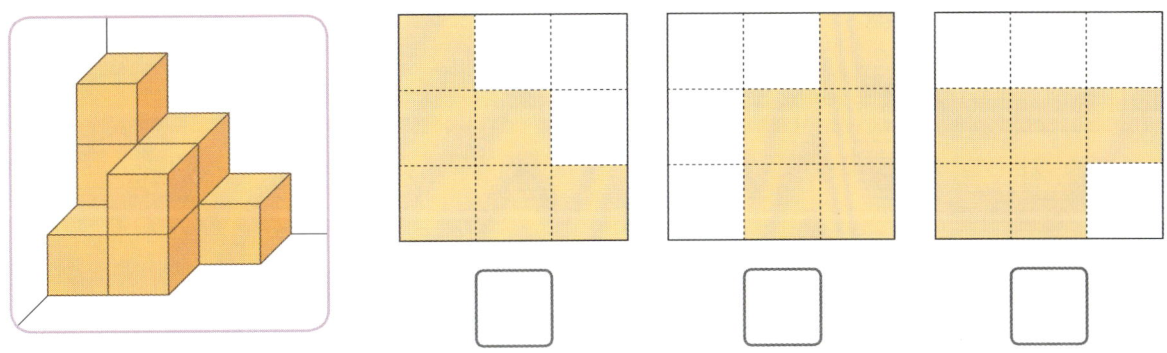

[위, 앞, 옆 보고 모양 찾기]

2 다음 위, 앞, 오른쪽 옆에서 본 모양에 알맞은 쌓기나무 모양을 찾아 기호를 쓰시오.

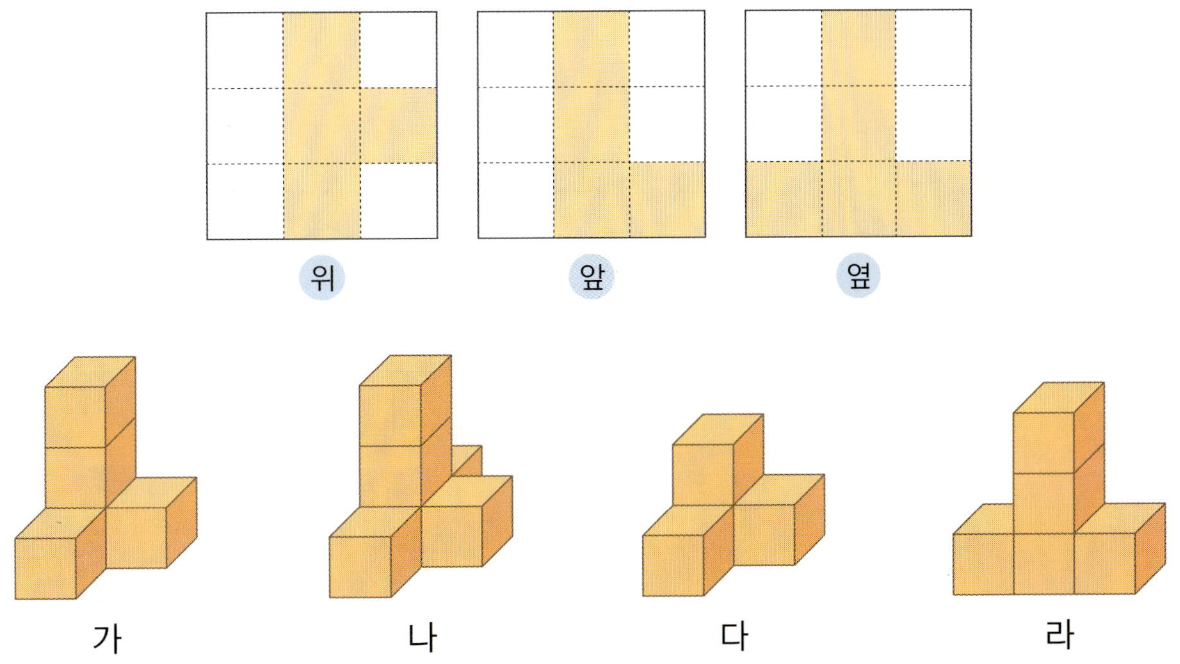

위, 앞, 옆이 같은 모양

위, 앞, 오른쪽 옆에서 본 모양이 다른 하나를 찾아봅시다.

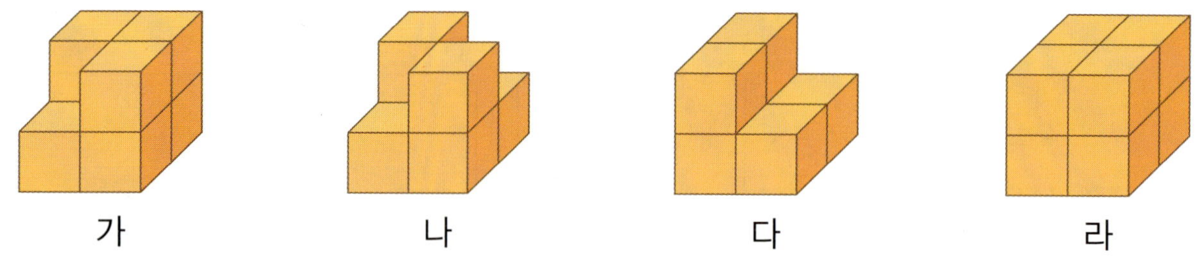

❶ 위, 앞, 오른쪽 옆에서 본 모양을 모두 그려 보시오.

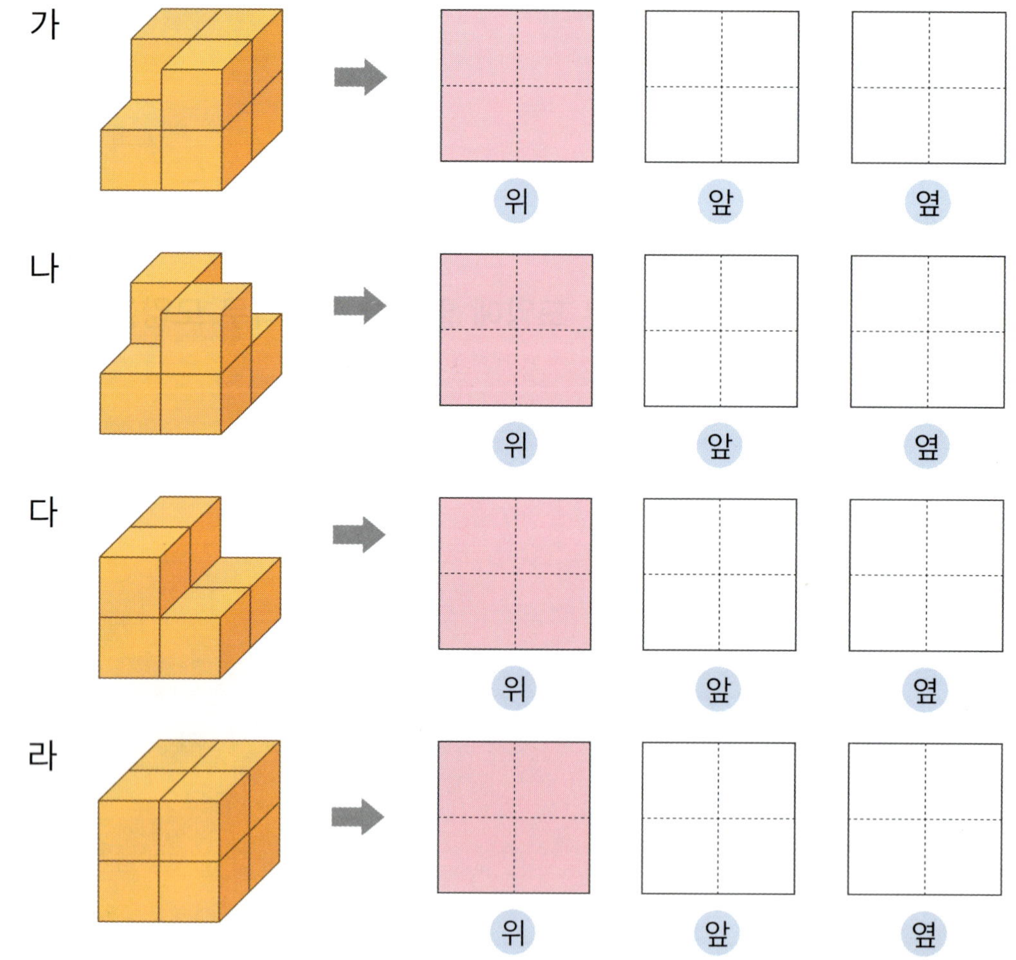

❷ 위, 앞, 오른쪽 옆에서 본 모양이 다른 하나를 찾아 기호를 쓰시오.

[옆 모양이 다른 것]

1 **오른쪽 옆에서 본 모양이 다른 하나를 찾아 기호를 쓰시오.**

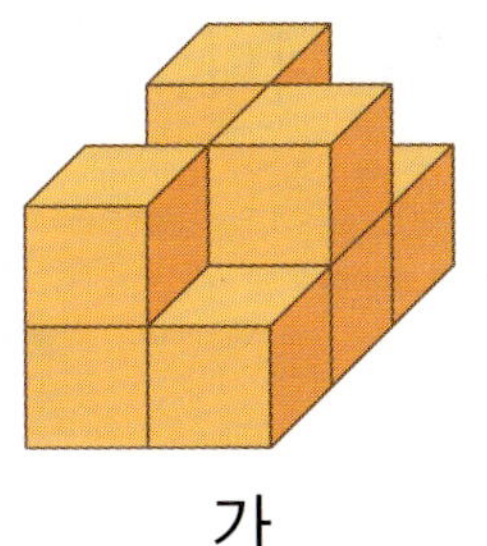
가

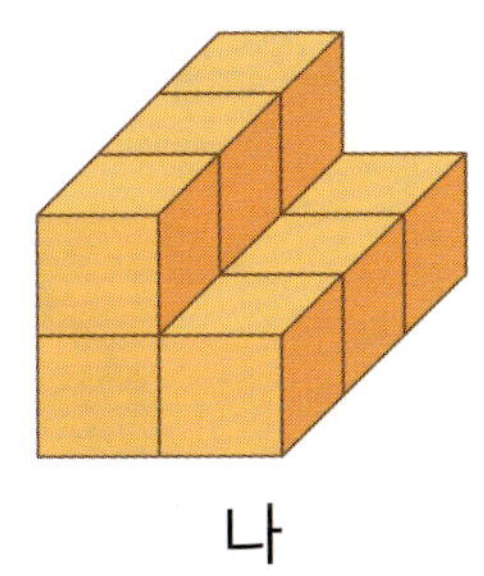
나

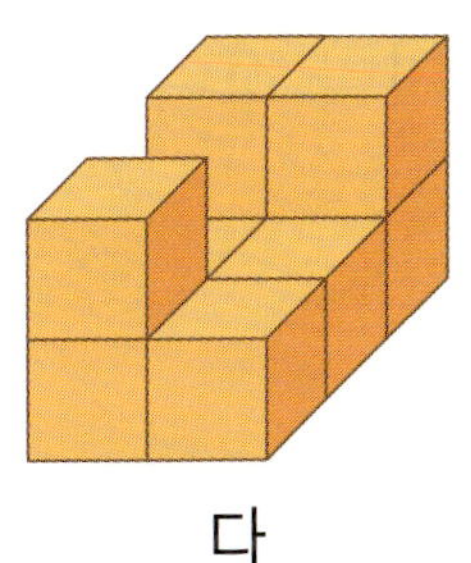
다

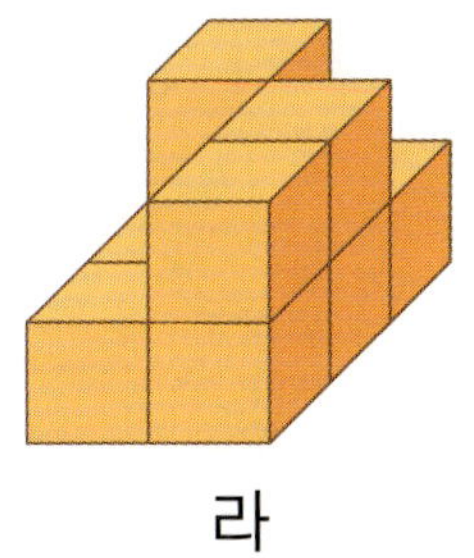
라

[세 방향의 모양이 같은 것]

2 **다음 모양에 쌓기나무 1개를 더 쌓아서 위, 앞, 오른쪽 옆에서 본 모양이 모두 같게 만들려고 합니다. 쌓기나무를 ①, ②, ③ 중 어디에 쌓아야 합니까?**

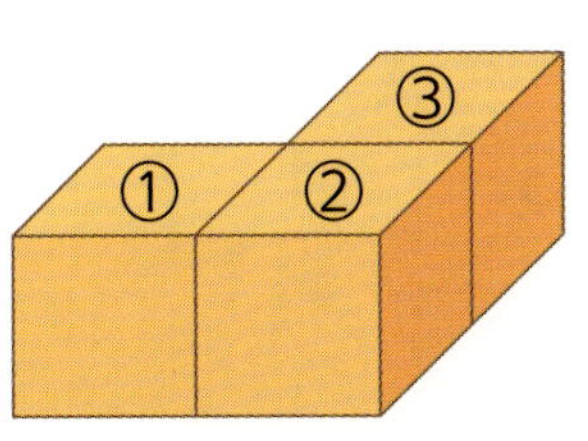

잘 생각해 봐!
위에서 본 모양은 세 경우가 다 똑같이 생겼어.

11 쌓기표

깔끔하게 정리하는 것을 좋아하는 초이는 마트의 창고 정리를 도왔습니다. 초이는 과자 상자를 차곡차곡 정리하며 쌓다가 좋은 생각이 떠올랐습니다.

각 자리에 쌓여 있는 상자의 수를 맨 위 상자 윗면에 쓰면 숫자만 봐도 몇 층인지 알 수 있겠는 걸?
REAL CHOCO
COOKIE

다음은 초이와 같은 방법으로 쌓은 상자를 위에서 본 모양입니다. 상자는 모두 몇 개입니까?

4	3	1
2	2	1
2		

오른쪽 그림은 왼쪽 쌓기나무 모양을 위에서 본 모양입니다. 모양의 각 칸에 그 칸 위에 쌓아올린 쌓기나무의 수를 써넣으시오.

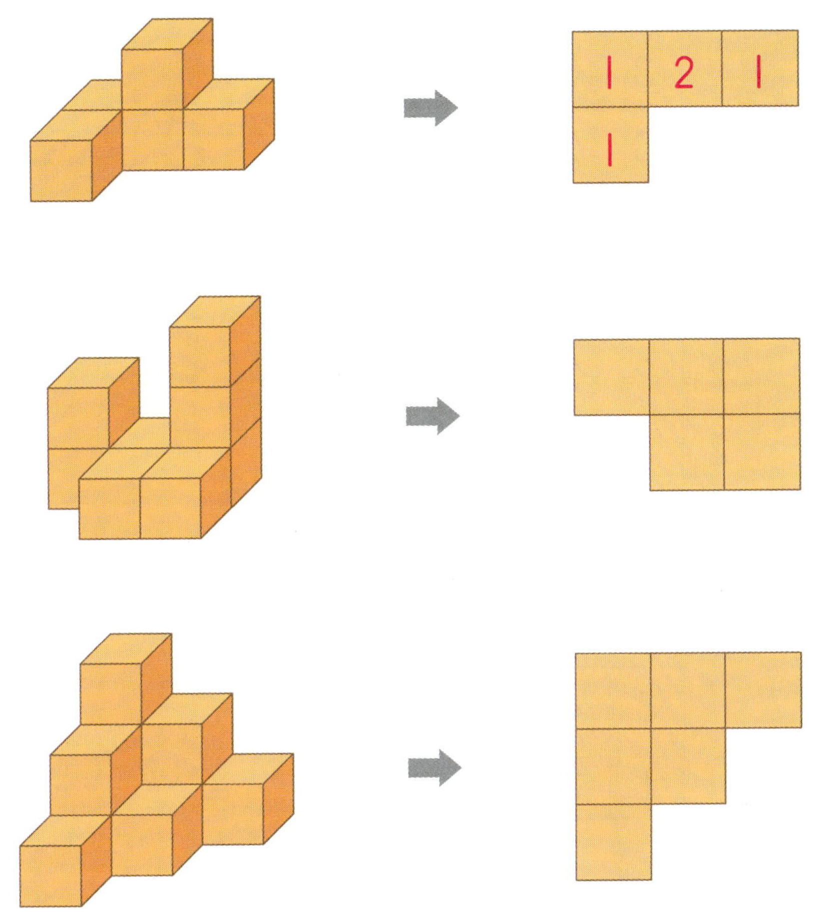

쌓기나무로 쌓은 모양을 위에서 본 모양의 각 칸에 쌓은 쌓기나무의 수를 써넣은 것을 쌓기표라고 합니다.

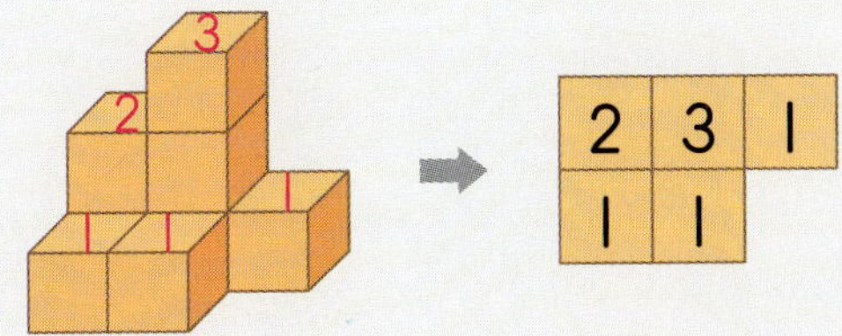

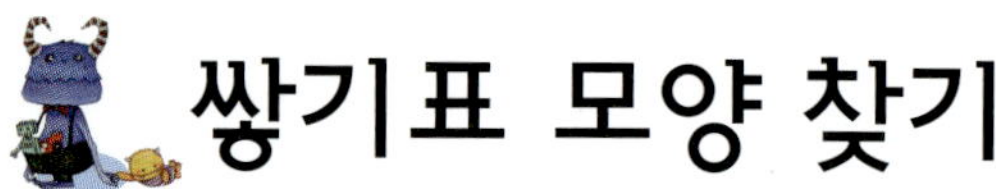

쌓기표 모양 찾기

꼬마 요괴들이 쌓기나무로 여러 가지 모양을 만들었습니다. 쌓기표를 보고 꼬마 요괴들이 만든 모양을 오른쪽에서 찾아 선으로 이어 보시오.

거꾸로 요괴

3	2
3	2

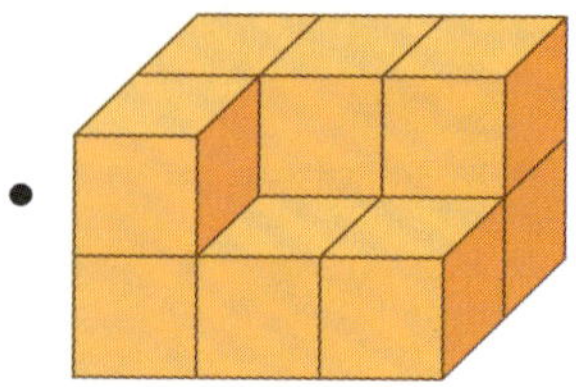

울보 요괴

2	2	2
2	1	1

장난 요괴

3	4
1	2

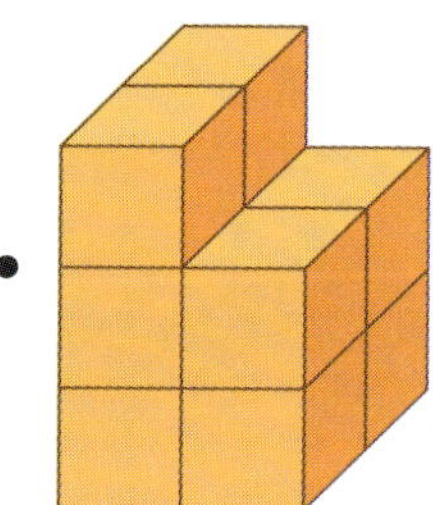

딴짓 요괴

3	2	1
2	1	1

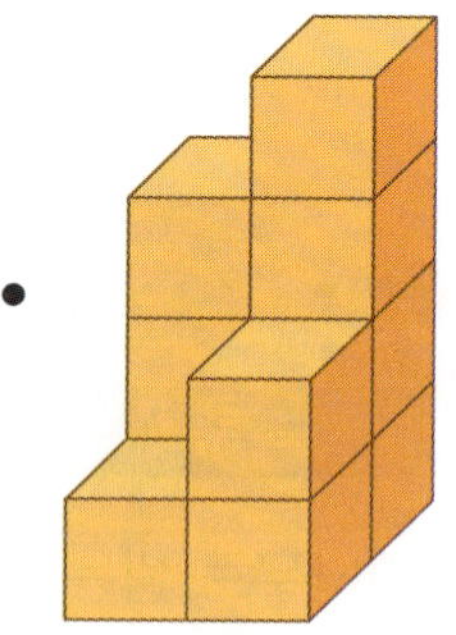

먼저 위에서 본 모양이 같은 것을 찾아야지!

[쌓기표에 맞는 모양]

1 다음 쌓기표를 보고 알맞은 쌓기나무 모양의 기호를 쓰시오.

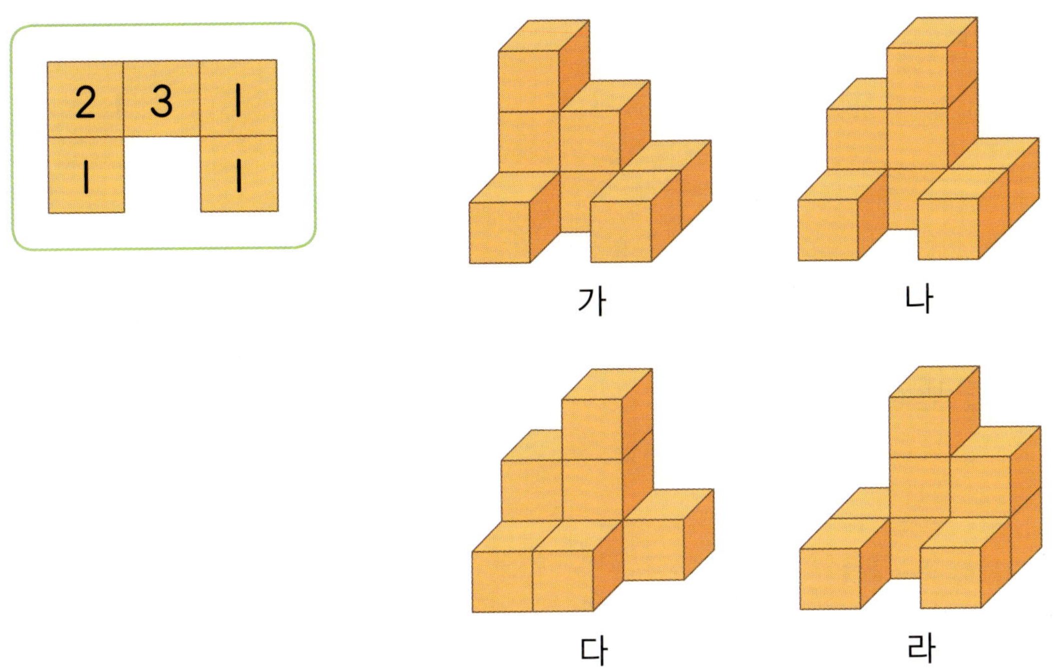

[쌓기나무를 추가한 쌓기표]

2 왼쪽 모양에 쌓기나무 2개를 더 쌓은 후 오른쪽 쌓기표를 만들었습니다. 왼쪽 모양에서 쌓기나무 2개를 더 쌓은 곳을 찾아 윗면에 ◯표 하시오.

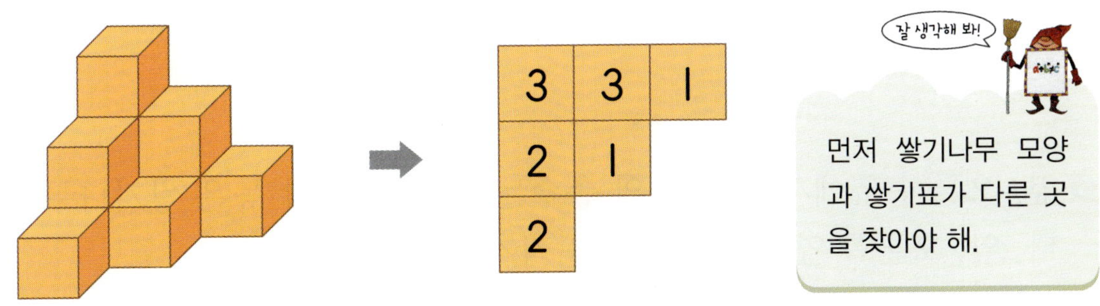

3 3 1
2 1
2
잘 생각해 봐!
먼저 쌓기나무 모양과 쌓기표가 다른 곳을 찾아야 해.

쌓기표로 앞, 옆 그리기

오른쪽 쌓기표에 따라 쌓기나무를 쌓았습니다. 이 모양을 앞에서 본 모양과 오른쪽 옆에서 본 모양을 각각 그려 봅시다.

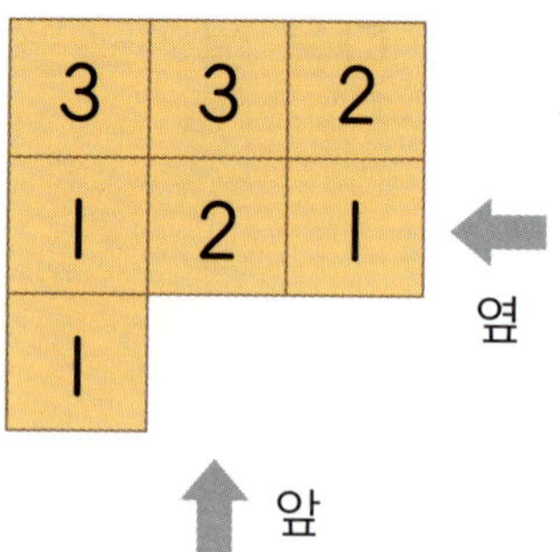

❶ 모양을 앞에서 볼 때 보이는 가장 높은 쌓기나무의 층수를 빈칸에 써넣으시오.

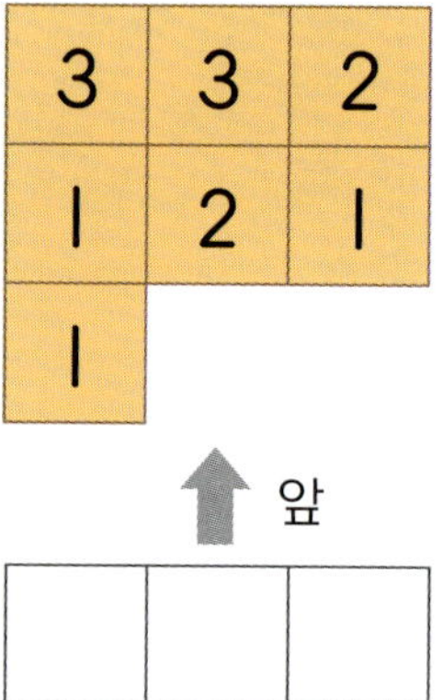

❷ 모양을 오른쪽 옆에서 볼 때 보이는 가장 높은 쌓기나무의 층수를 빈칸에 써넣으시오.

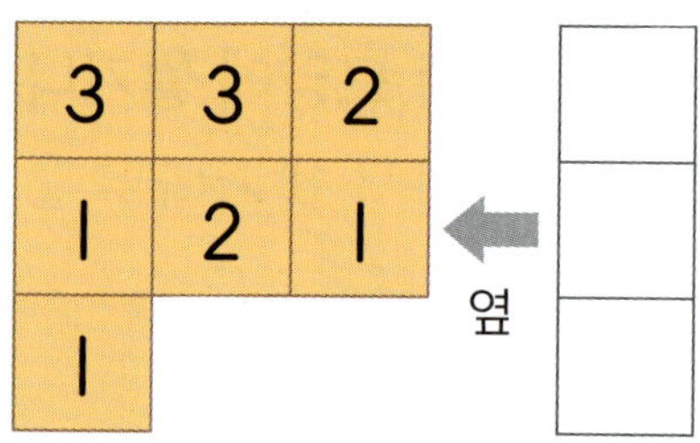

❸ 앞, 오른쪽 옆에서 본 모양의 층수는 각 줄의 가장 높은 쌓기나무의 층수입니다. 앞, 오른쪽 옆에서 본 모양을 각각 그려 보시오.

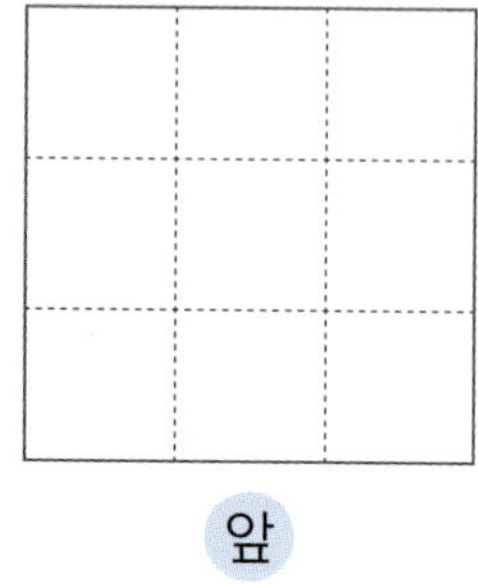

앞

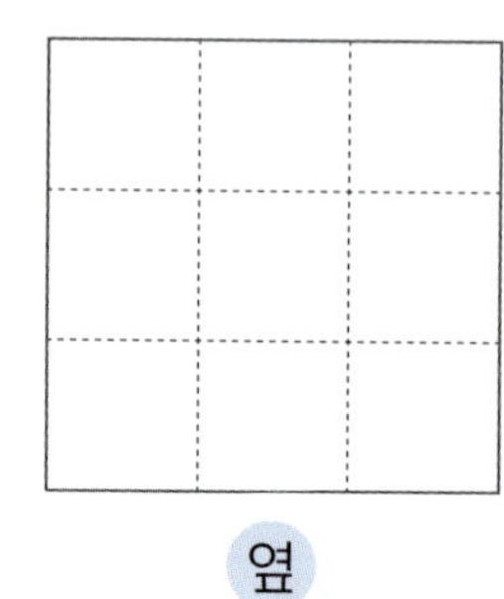

옆

[알맞은 앞, 옆 모양]

1 다음 쌓기표에 알맞는 쌓기나무 모양을 앞, 오른쪽 옆에서 본 모양을 각각 그려 보시오.

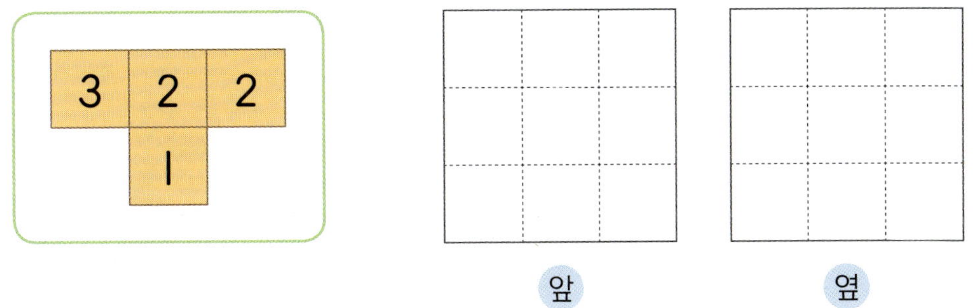

[세 방향 모양 그리기]

2 다음 쌓기표에 알맞은 쌓기나무 모양을 앞, 오른쪽 옆, 왼쪽 옆에서 본 모양을 각각 그려 보시오.

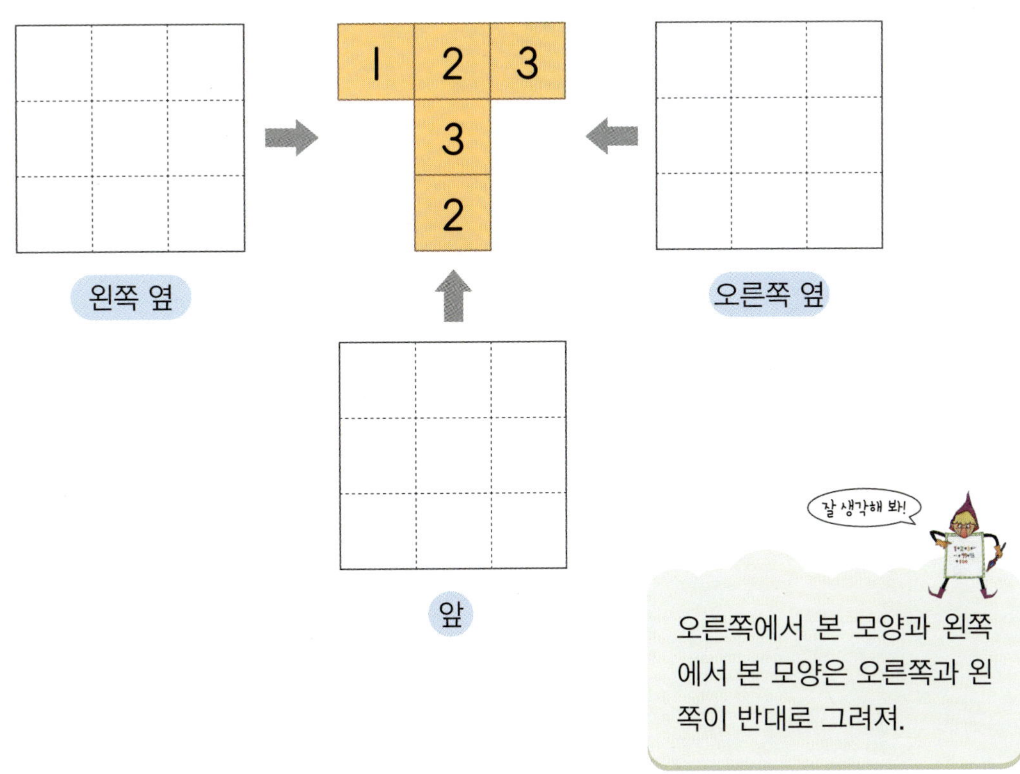

오른쪽에서 본 모양과 왼쪽에서 본 모양은 오른쪽과 왼쪽이 반대로 그려져.

12 쌓기나무 그리기

태경, 지오, 아인, 초이가 쌓기나무를 그리고 있습니다.

쌓기나무는 네모난 모양이잖아. 그냥 네모를 그리면 안 돼?

태경

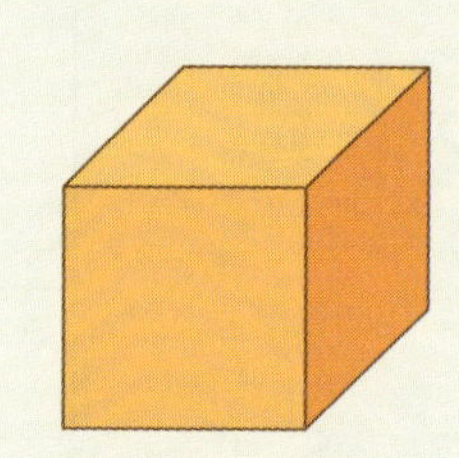

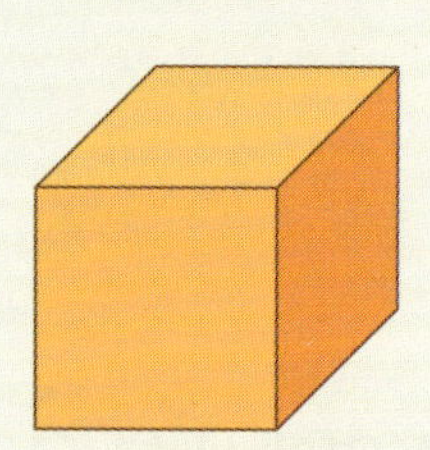

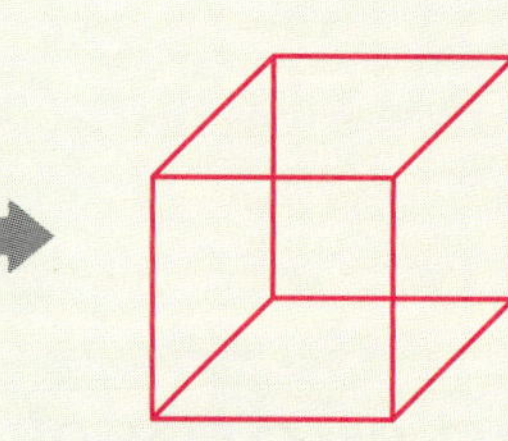

지오

그러면 평면인 사각형과 구분이 안 되잖아. 이렇게 그리면 보이지 않는 부분까지 완벽하게 나타낼 수 있어.

지오가 그린 건 어디가 앞면이고 뒷면인지 잘 모르겠어. 보이는 면을 색칠하면 실제 모습과 가장 비슷할 걸?

아인

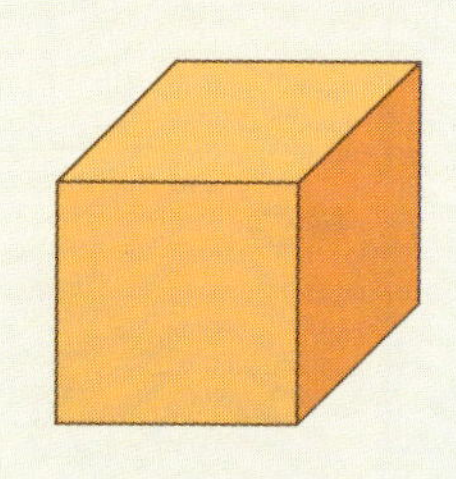

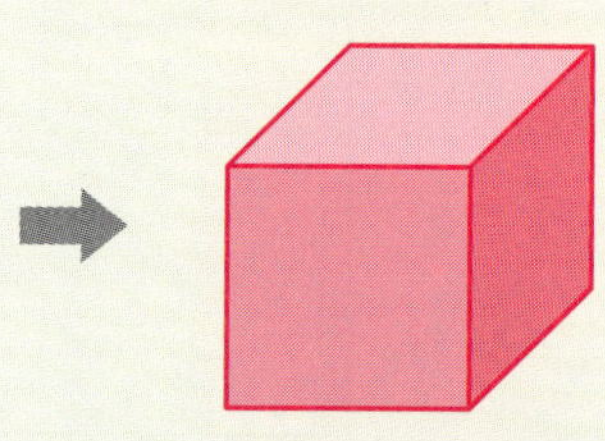

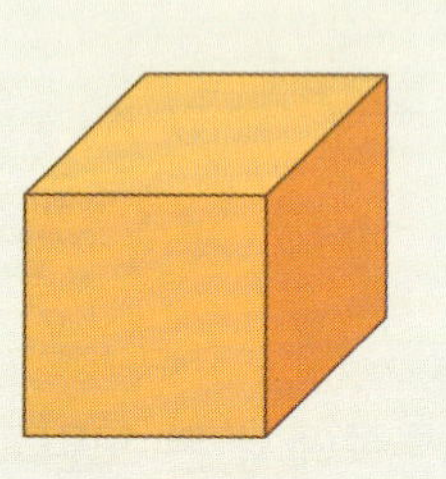

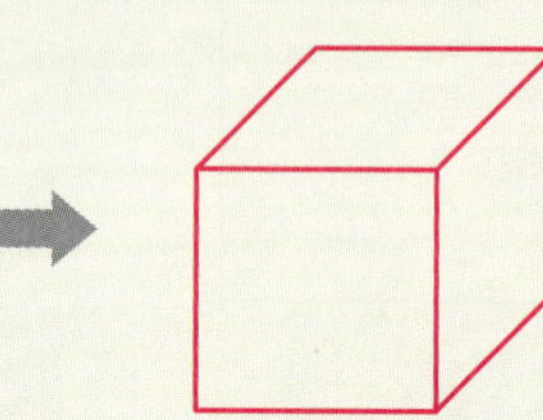

초이

얘들아. 그냥 간단하게 이 정도만 그려도 될 거야.

쌓기나무로 쌓은 모양과 점 종이 위의 그림을 같은 것끼리 선으로 이어 보시오.

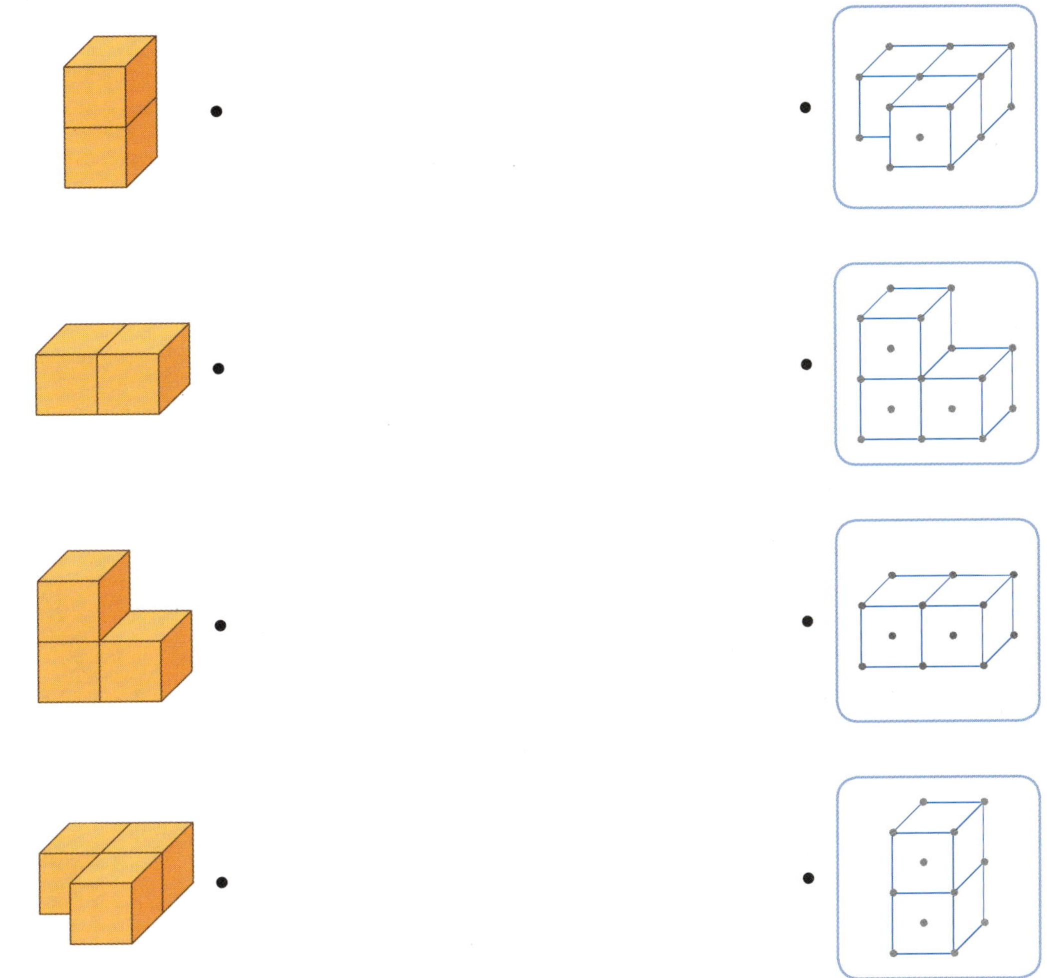

노크 포인트

점 종이에 다음과 같이 점과 점을 연결하여 쌓기나무를 그릴 수 있습니다.

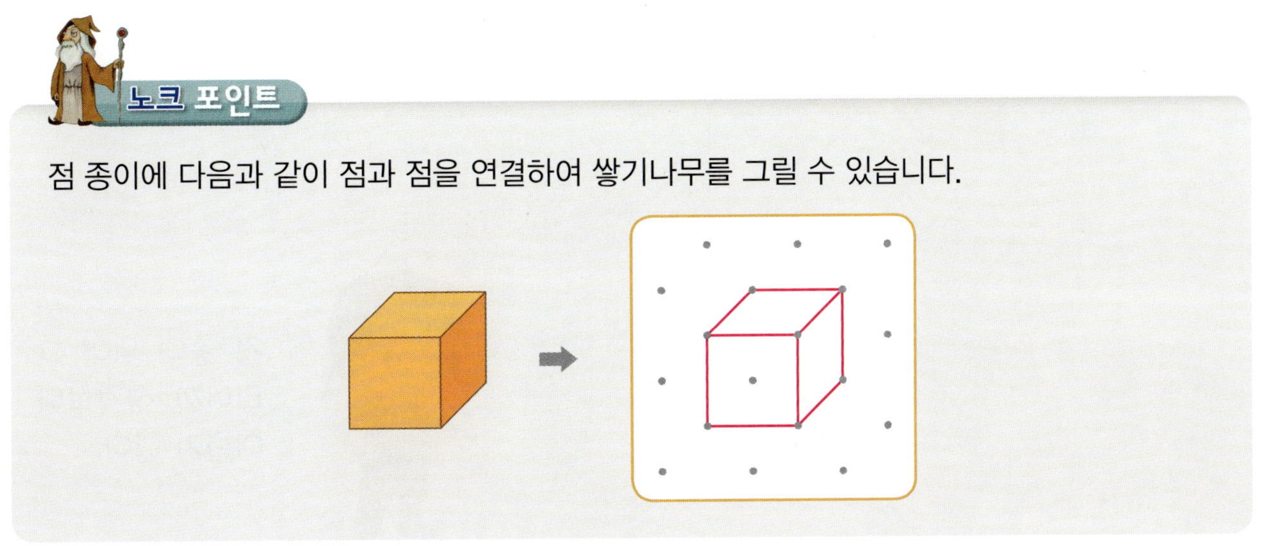

입체 점 종이

쌓기나무로 쌓은 모양을 점 종이 위에 그려 봅시다.

①

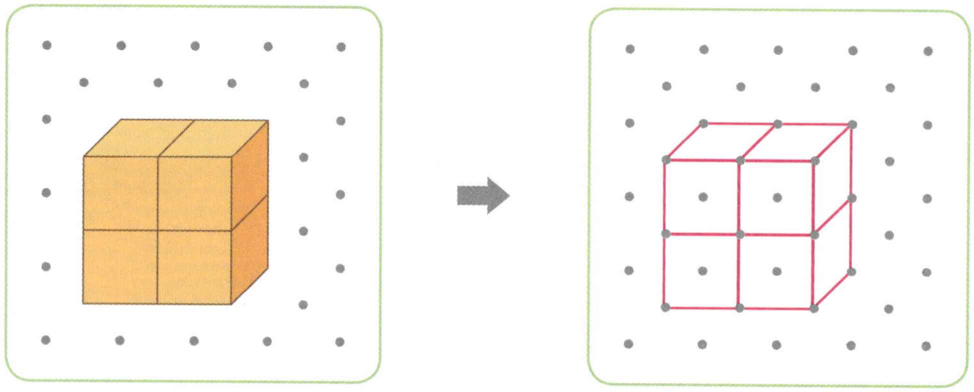

②

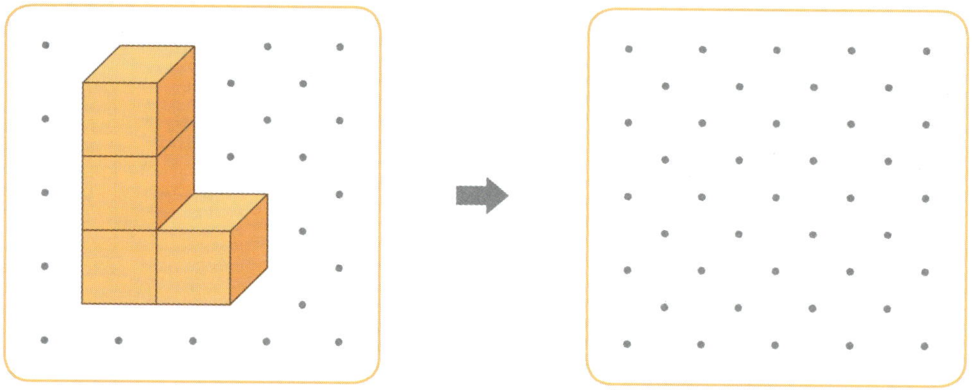

③

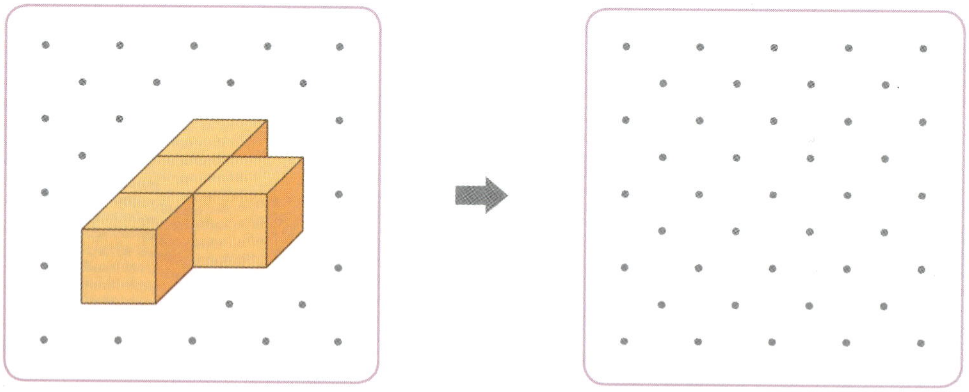

점 종이 위에 그리니까 생각보다 어렵지 않아.

[다른 그림 찾기]

1 점 종이 위에 그린 모양 중 다른 하나를 찾아 ×표 하시오.

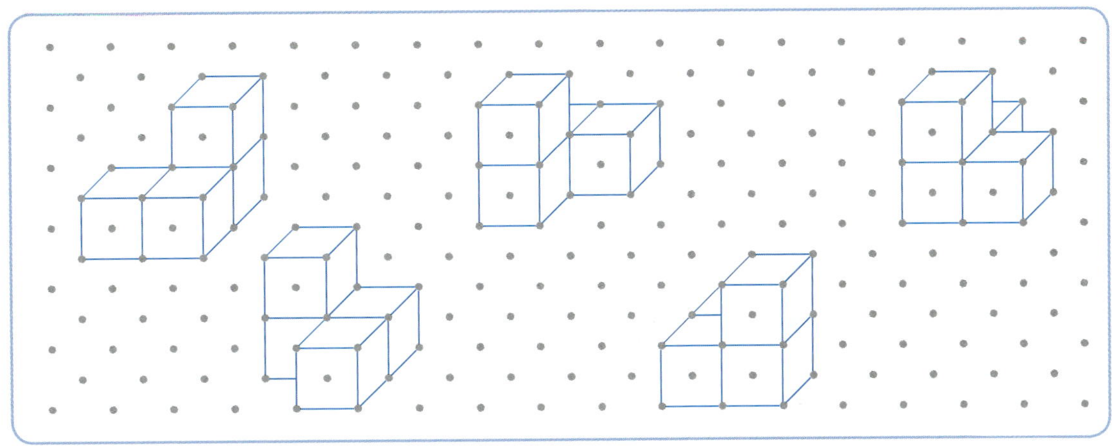

[블록 그리기]

2 점 종이 위에 왼쪽 블록을 각각 그려 보시오.

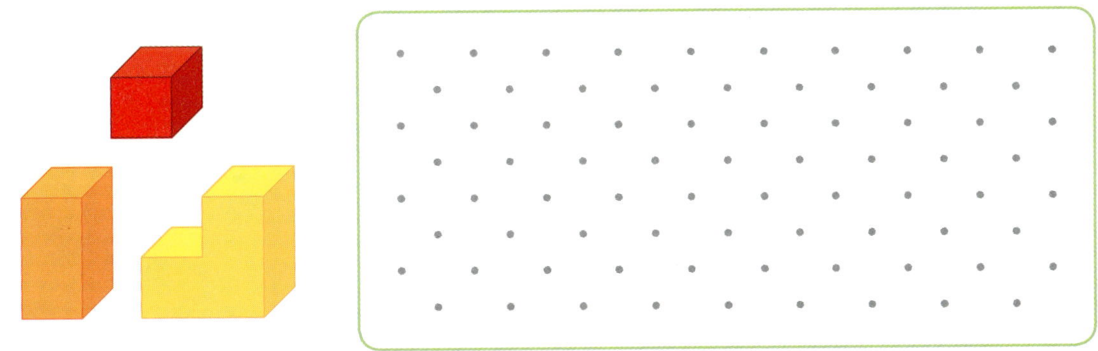

블록을 그릴 때는 같은 크기의 쌓기나무를 그린 다음 이어 붙이는 선을 지우는 것이 편해.

윤곽선 퀴즈

쌓기나무로 쌓은 모양의 그림에서 색을 뺀 다음, 테두리의 선만 남기고 안쪽 선을 모두 지웠습니다.

테두리의 선만 남기고 안쪽 선을 모두 지운 모양을 보고, 쌓기나무로 쌓은 모양을 찾아 선으로 연결해 봅시다.

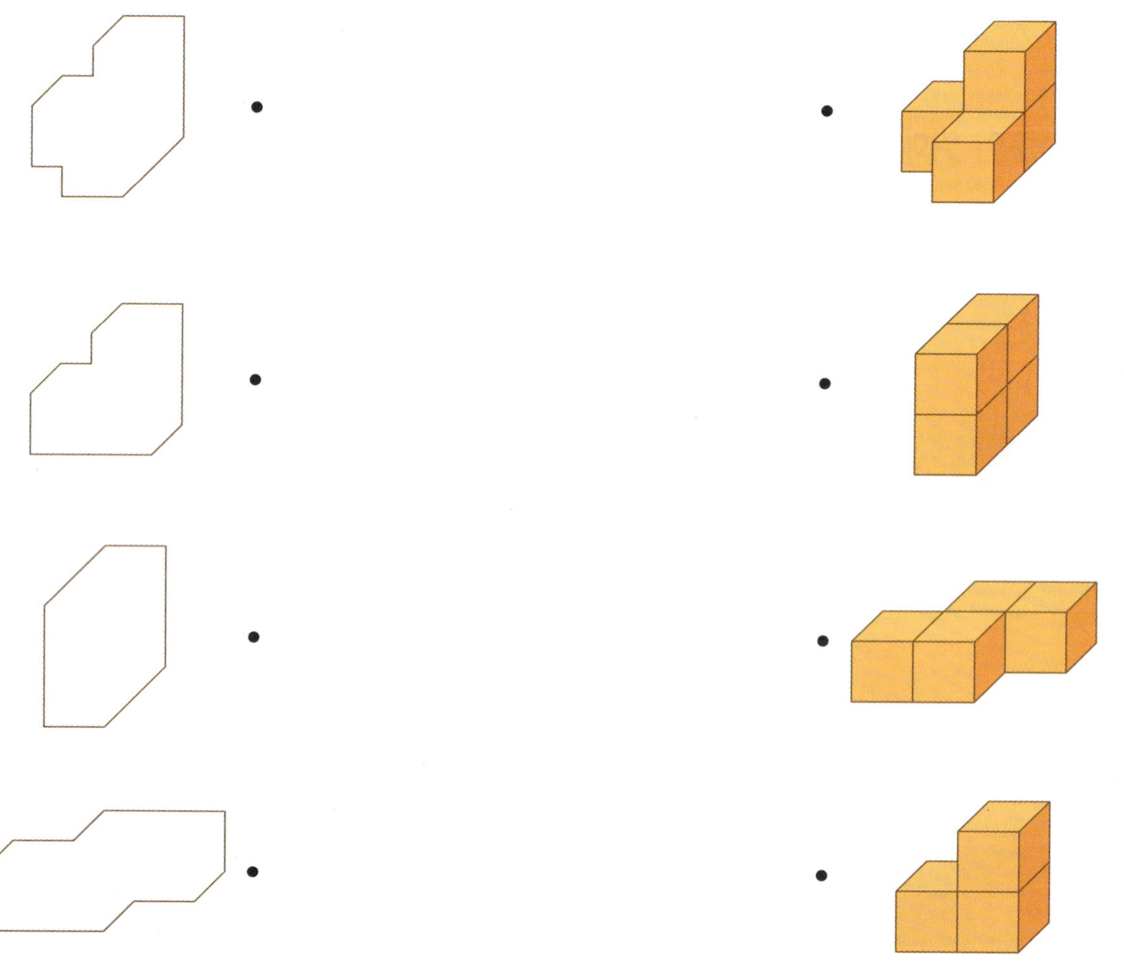

[점 종이 위의 윤곽선]

1 다음은 쌓기나무로 쌓은 모양을 점 종이 위에 그린 후 테두리의 선만 남기고 안쪽 선을 모두 지운 것입니다. 각각 쌓기나무 몇 개로 만든 모양입니까?

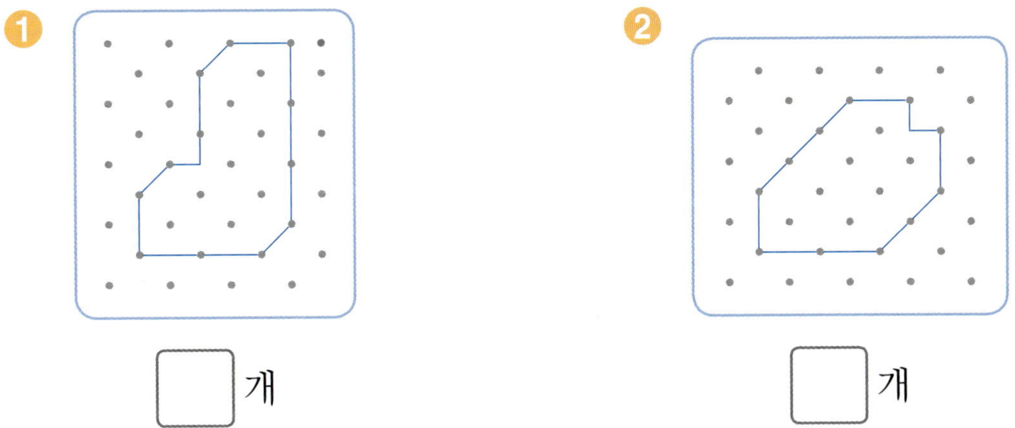

① □개　　② □개

[실루엣 모양 찾기]

2 다음 실루엣의 모양과 같은 모양을 찾아 기호를 쓰시오.

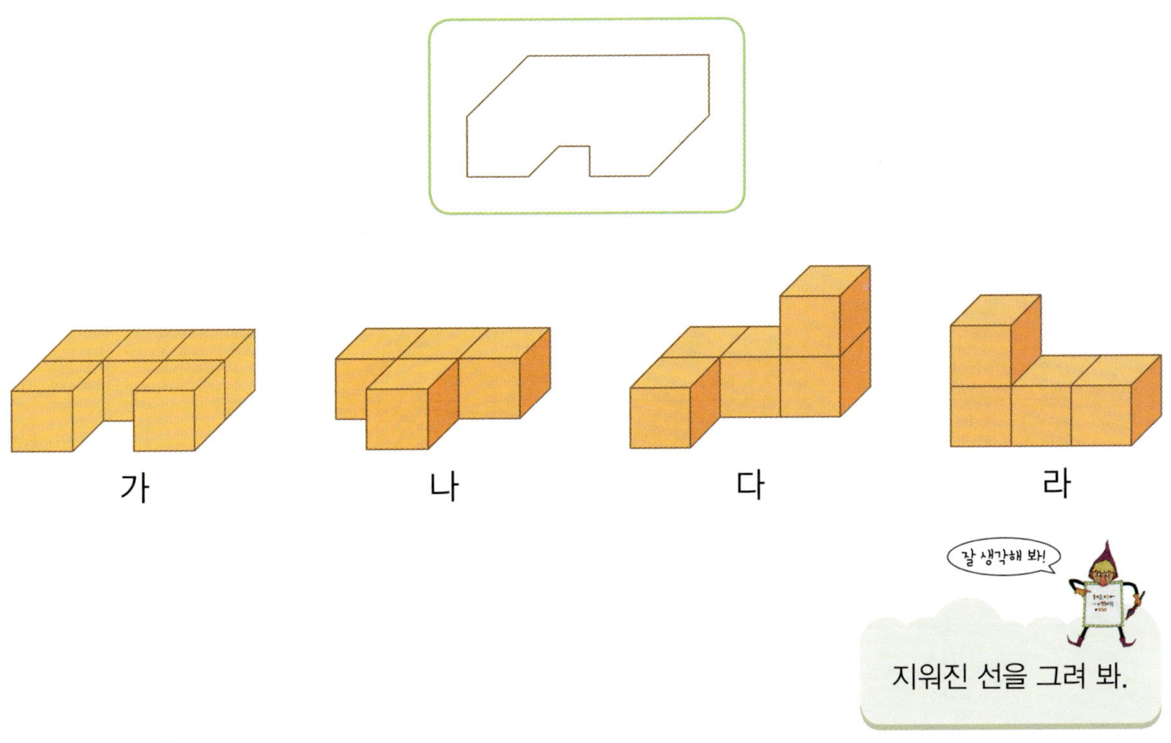

잘 생각해 봐!

지워진 선을 그려 봐.

창의적 문제해결력

1 쌓기나무로 쌓은 모양을 앞, 오른쪽 옆에서 본 것을 보고 쌓기표를 완성하시오.

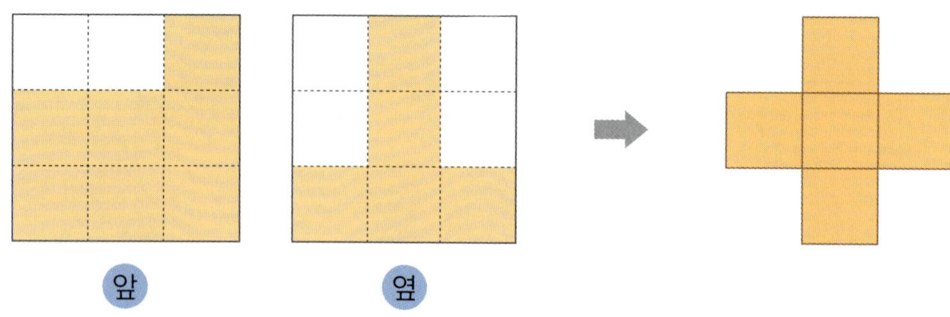

2 다음 모양에 쌓기나무 1개를 더 쌓은 모양을 위에서 본 모양이 될 수 있는 것을 찾아 기호를 쓰시오.

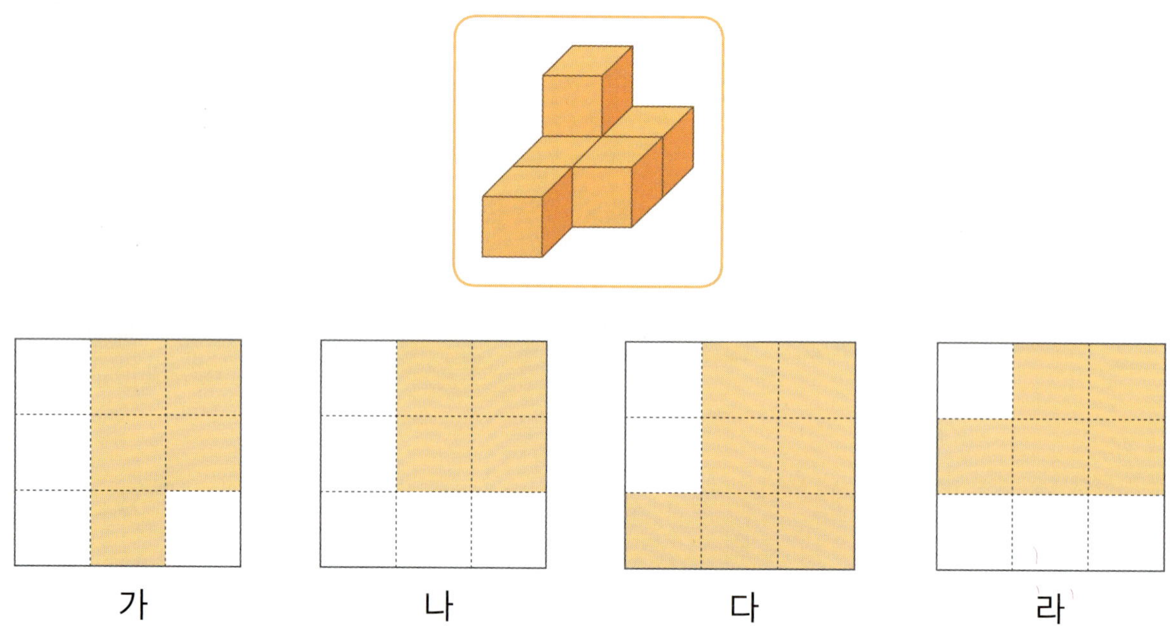

동영상 특강
QR 코드를 찍어 보세요!!!

3 쌓기나무로 쌓은 모양을 위, 앞에서 본 모양이 모두 왼쪽과 같을 때, 이 모양을 오른쪽 옆에서 본 모양이 될 수 없는 것을 모두 찾아 기호를 쓰시오.

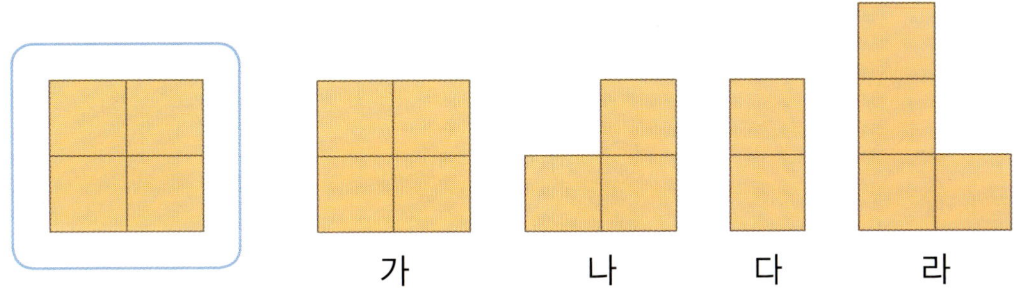

4 다음 쌓기표에 알맞는 쌓기나무 모양을 점 종이 위에 그려 보시오.

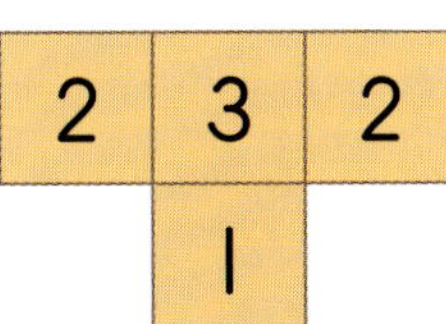

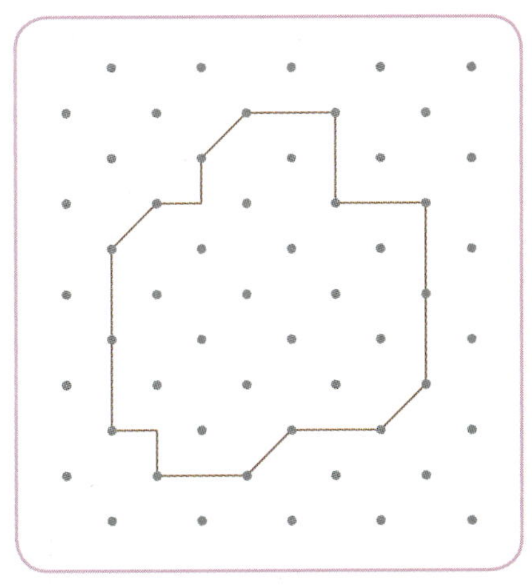

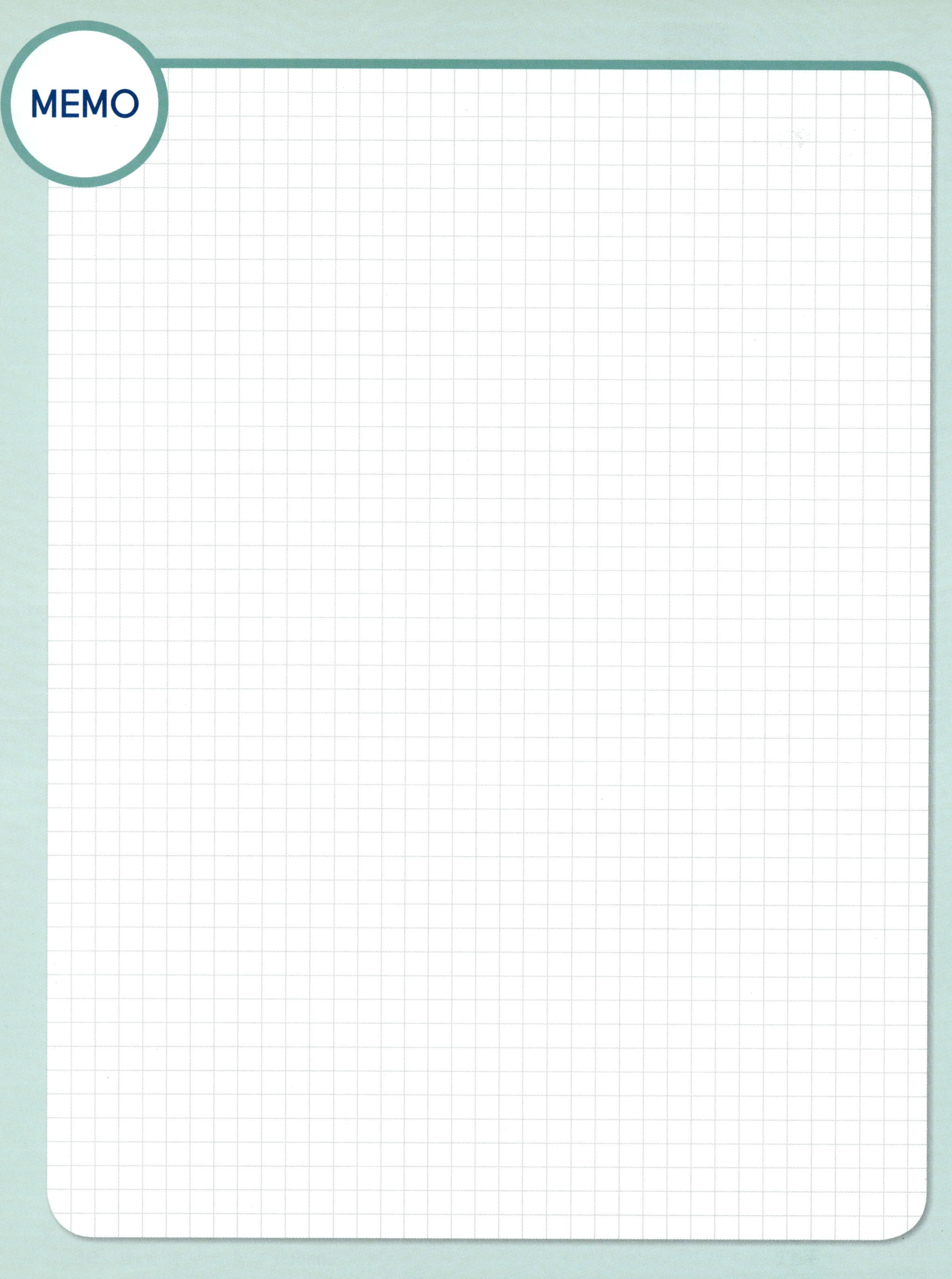
MEMO

정답 및 해설

천재교육

누구나 쉽고 재미있게
사고력 수학
노크

정답 및 해설

누구나
쉽고 재미있게
사고력 수학
노크

B7
(9~10세)

Chapter 1 큐브 블록

10 · 11

1 블록 놀이

아인이는 쌓기나무 여러 개를 접착제로 붙인 후, 예쁘게 색칠하여 새로운 블록을 만들었습니다. 아인이는 자신의 이름을 따 새로운 블록을 '아인블록'이라고 부릅니다.

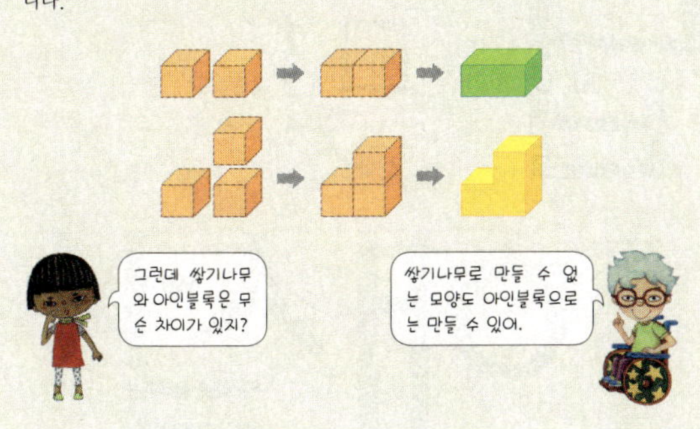

여러 가지 아인블록으로 만든 모양 중 쌓기나무로 똑같이 만들 수 없는 것을 찾아 ◯표 하시오.

   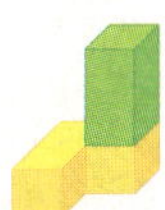

세 번째 모양을 쌓기나무로 쌓으면 3층에 있는 끝 부분의 쌓기나무가 고정되지 않고 떨어집니다.

❶ 왼쪽 블록 2개로 똑같이 만들 수 없는 모양을 찾아 ×표 하시오.

생각 포인트

블록을 여러 개 사용하여 왼쪽 모양을 만들었습니다. 사용한 블록의 수를 세려면 보이는 블록의 수를 센 다음, 보이지 않는 블록까지 찾아 세어야 합니다.

12 · 13

블록의 수

왼쪽 블록을 여러 개 사용하여 오른쪽 모양을 만들었습니다. 사용한 블록의 수를 종류별로 구해 봅시다.

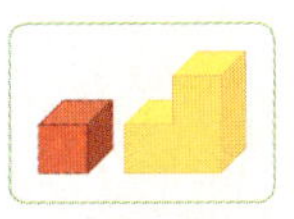 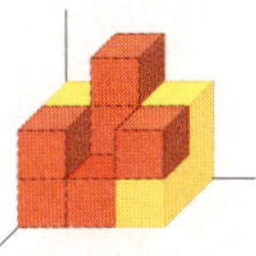

❶ 빨간색 블록은 모두 몇 개입니까? 6개

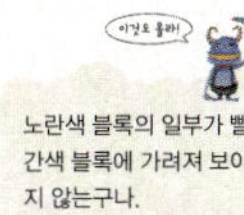

노란색 블록의 일부가 빨간색 블록에 가려져 보이지 않는구나.

❷ 다음은 원래 모양에서 빨간색 블록을 2개 뺀 모양입니다. 노란색 블록의 보이지 않는 부분은 어디에 있을지 ①, ②, ③을 사용하여 설명하시오.
①과 ②의 아래에 있습니다.

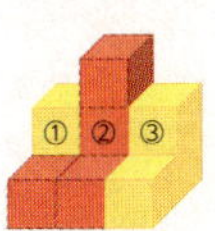

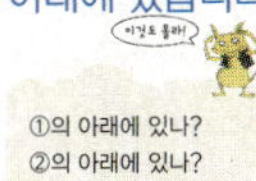

❸ 사용한 블록은 각각 몇 개입니까?

 : 6 개  : 2 개

[사용한 블록의 수]

1 왼쪽 블록을 여러 개 사용하여 오른쪽 모양을 만들었습니다. 사용한 블록은 모두 몇 개입니까? 11개

 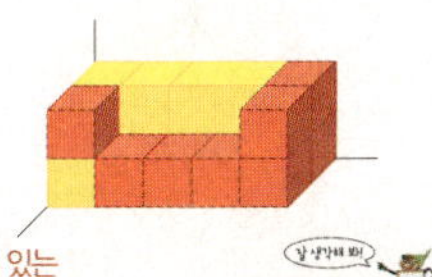

보이는 빨간색 블록은 8개입니다. 숨어 있는 블록을 생각해 보면 노란색 블록은 3개입니다. 따라서 모두 8+3=11(개)입니다.

[블록의 수가 다른 모양]

2 왼쪽 블록을 여러 개 사용하여 여러 가지 모양을 만들었습니다. 사용한 블록의 수가 다른 모양의 기호를 쓰시오. 가

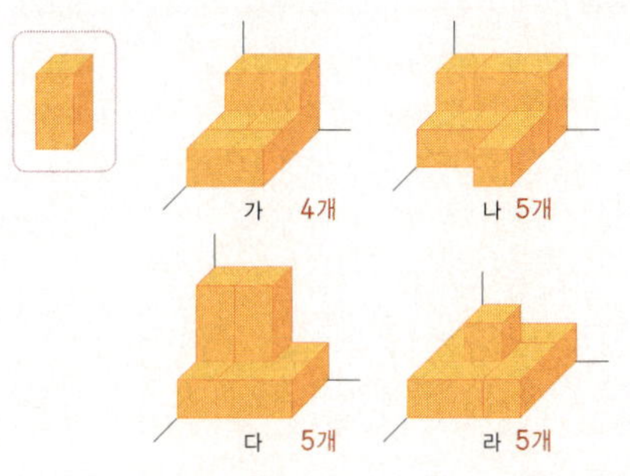

14·15

폴리큐브 붙이기

쌓기나무 여러 개를 이어 붙여 만든 모양을 폴리큐브라고 합니다. 왼쪽 폴리큐브 조각 2개를 붙여서 만들 수 없는 모양을 찾아봅시다.

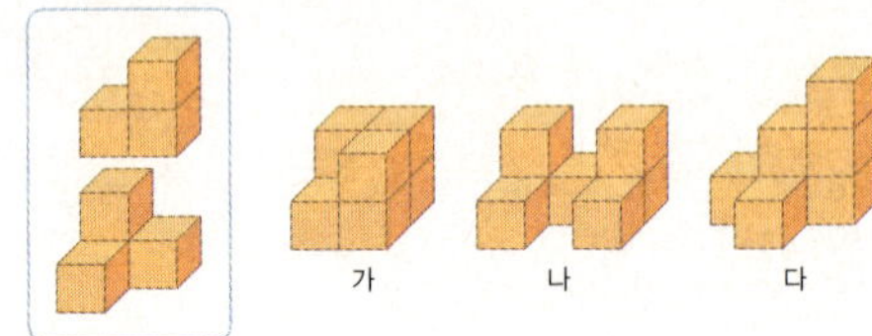

❶ 가에서 왼쪽 조각이 있는 곳을 색칠하였습니다. 같은 방법으로 나와 다에 색칠해 보시오.

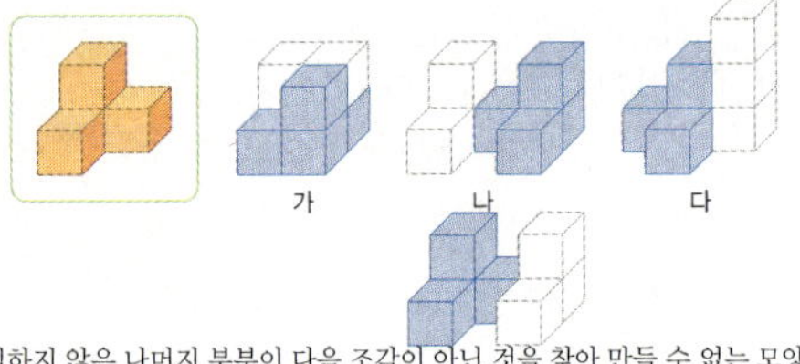

❷ 색칠하지 않은 나머지 부분이 다음 조각이 아닌 것을 찾아 만들 수 없는 모양의 기호를 쓰시오. 다

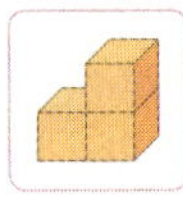

[만들 수 없는 모양]

1 다음 폴리큐브 조각 2개를 붙여서 만들 수 없는 모양의 기호를 쓰시오. 나

가 나 다

[알맞은 폴리큐브 찾기]

2 폴리큐브 조각 2개를 붙여서 오른쪽 모양을 만들었습니다. 필요한 나머지 조각을 찾아 기호를 쓰시오. 나

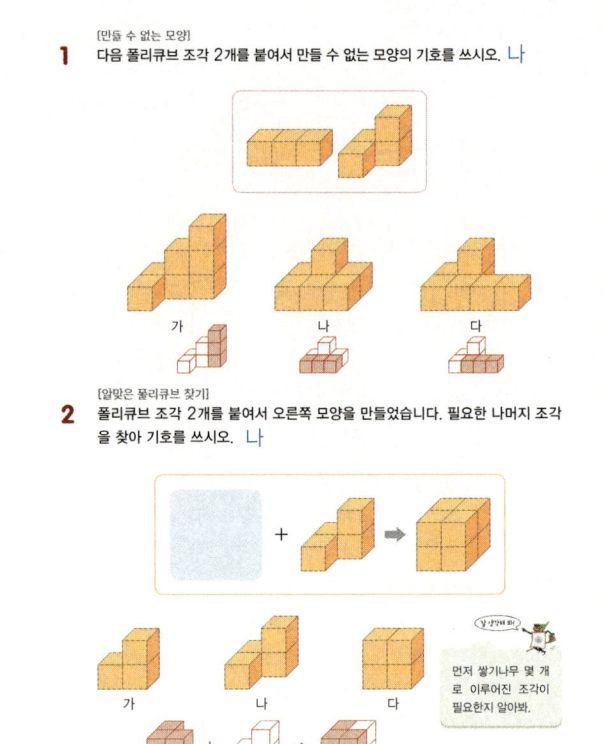

가 나 다

먼저 쌓기나무 몇 개로 이루어진 조각이 필요한지 알아봐.

16·17

2 쌓기나무 패턴

초이와 태경이는 쌓기나무를 자신이 정한 규칙에 맞게 연속으로 쌓았습니다.

초이
두 사람이 만든 모양이 3개까지는 비슷한데…….
태경

다음 중 위의 빈 곳에 알맞은 모양을 각각 찾아 ○표 하시오.

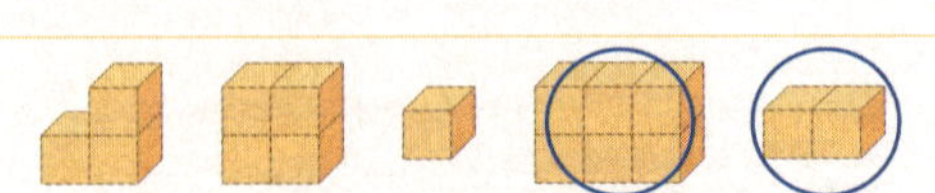

초이는 쌓기나무의 수가 1개, 2개, 3개로 되풀이되는 규칙이고, 태경이는 쌓기나무가 1개씩 늘어나는 규칙입니다.

❶ 원숭이가 다음 모양이 되풀이되는 규칙으로 길을 찾아갈 때, 마지막에 먹는 과일은 무엇입니까? 바나나

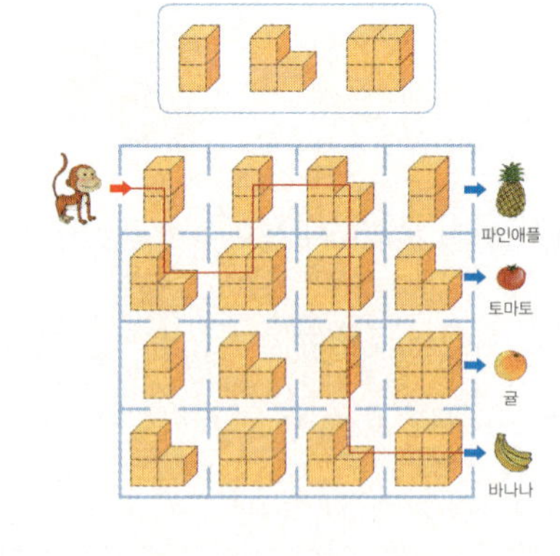

도크 포인트

쌓기나무로 여러 가지 패턴을 만들 수 있습니다.

① 모양이 되풀이되는 패턴

② 늘어나거나 줄어드는 패턴

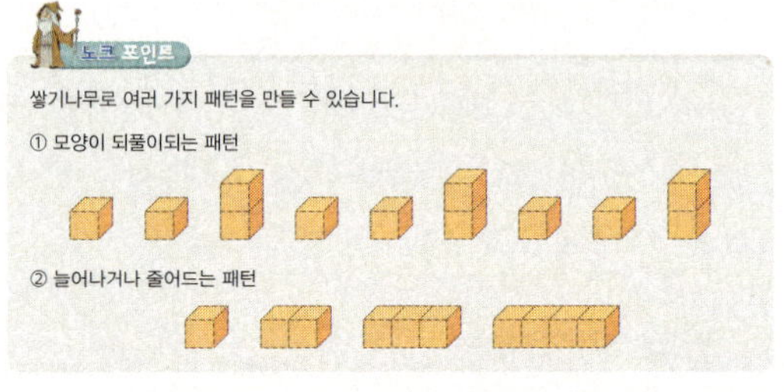

18 · 19

늘어나는 규칙

다음과 같은 규칙으로 쌓기나무를 쌓을 때, 여섯 번째 쌓기나무의 수를 구해 봅시다.

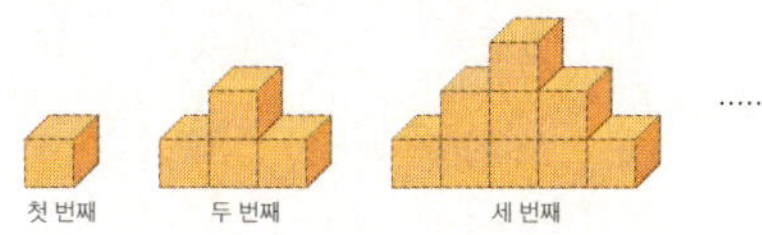

❶ 첫 번째, 두 번째, 세 번째 쌓기나무의 수를 각각 세어 보시오.

첫 번째: 1 개　두 번째: 4 개　세 번째: 9 개

❷ 쌓기나무는 그림과 같이 맨 아래층에 있는 쌓기나무가 늘어나는 규칙입니다. 네 번째 쌓기나무는 세 번째 쌓기나무에서 몇 개 더 늘어납니까? 7개

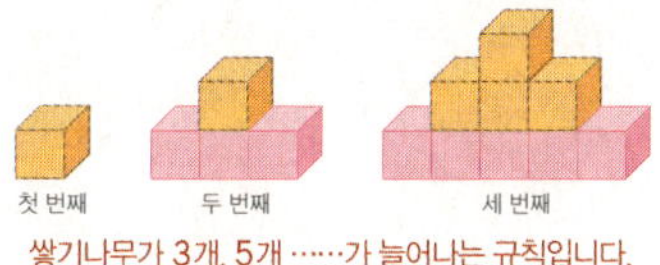

쌓기나무가 3개, 5개 ……가 늘어나는 규칙입니다.

❸ 네 번째, 다섯 번째, 여섯 번째 쌓기나무의 수를 □ 안에 써넣으시오.

네 번째: 16 개　다섯 번째: 25 개　여섯 번째: 36 개

네 번째: 1+3+5+7=16(개)
다섯 번째: 1+3+5+7+9=25(개)
여섯 번째: 1+3+5+7+9+11=36(개)

[늘어나는 규칙 찾기]

1 다음과 같은 규칙으로 쌓기나무를 쌓을 때, 다섯 번째 쌓기나무의 수를 구하시오. 15개

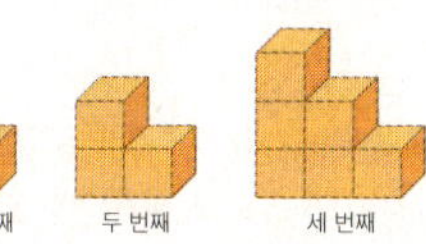

쌓기나무가 2개, 3개 ……가 늘어나는 규칙입니다.
다섯 번째: 1+2+3+4+5=15(개)

[세 방향으로 늘어나는 규칙]

2 다음과 같은 규칙으로 쌓기나무를 쌓을 때 빈 곳에 알맞은 쌓기나무는 몇 개입니까? 13개

쌓기나무가 앞쪽, 왼쪽, 오른쪽으로 1개씩, 모두 3개씩 늘어나는 규칙입니다.
따라서 빈 곳에 알맞은 쌓기나무는 1+3+3+3+3=13(개)입니다.

20 · 21

쌓기나무 탑

다음과 같은 규칙으로 점점 높아지는 탑이 있습니다. 탑이 5층일 때, 쌓기나무의 수를 구해 봅시다.

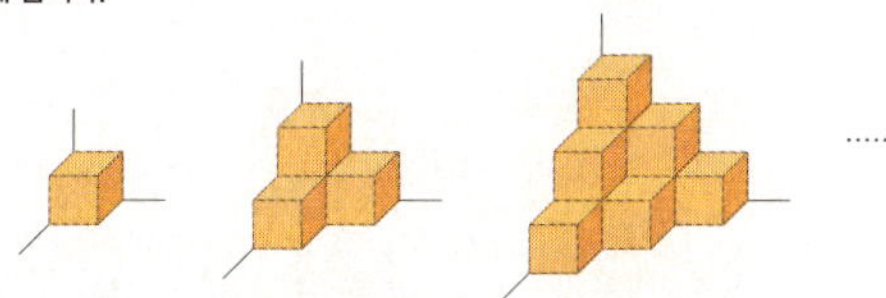

❶ 3층짜리 탑에서 각 층마다 쌓기나무가 몇 개씩 있는지 세어 보시오.

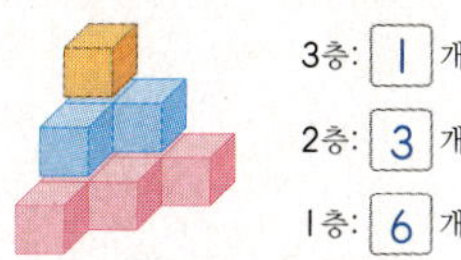

3층: 1 개
2층: 3 개
1층: 6 개

❷ 탑이 4층일 때 맨 아래층에 있는 쌓기나무는 몇 개입니까? 10개

맨 아래층의 쌓기나무가 2개, 3개,……로 늘어나는 규칙입니다.
따라서 탑이 4층일 때 맨 아래층에 있는 쌓기나무는 1+2+3+4=10(개)입니다.

❸ 탑이 5층일 때 맨 아래층에 있는 쌓기나무는 몇 개입니까? 15개

1+2+3+4+5=15(개)

❹ 탑이 5층일 때 쌓기나무는 모두 몇 개입니까? 35개

1+3+6+10+15=35(개)

[세 방향으로 늘어나는 탑]

1 다음과 같은 규칙으로 쌓기나무를 쌓을 때, 여섯 번째 쌓기나무는 모두 몇 개입니까? 16개

쌓기나무가 각 방향으로 1개씩, 모두 3개씩 늘어나는 규칙입니다. 따라서 여섯 번째 쌓기나무는 1+3+3+3+3+3=16(개)입니다.

위쪽, 오른쪽, 앞쪽으로 쌓기나무가 1개씩 늘어나는 규칙입니다.

[높아지는 쌓기나무 탑]

2 다음과 같은 규칙으로 점점 높아지는 탑이 있습니다. 탑의 맨 아래층에 쌓기나무 21개가 있을 때, 이 탑에 있는 쌓기나무는 모두 몇 개입니까? 56개

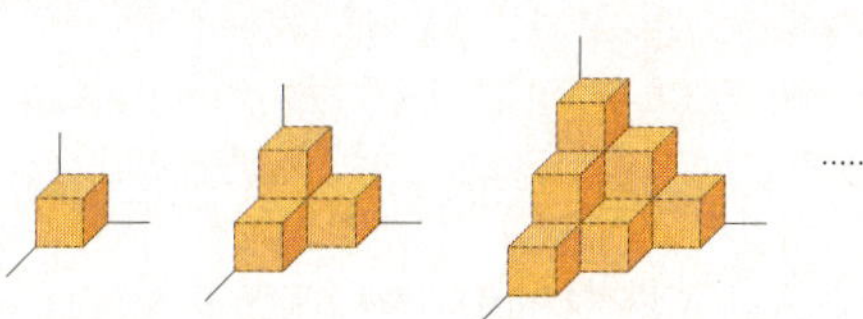

1+2+3+4+5+6=21(개)이므로 탑은 6층입니다.
탑이 6층일 때 쌓기나무는 모두
1+3+6+10+15+21=56(개)입니다.

22·23

3 보이지 않는 쌓기나무

요리사인 쿡 씨는 공기 중에 놓아두면 쉽게 녹아버리는 각설탕을 쌓기나무를 사용하여 보관하기로 하였습니다.

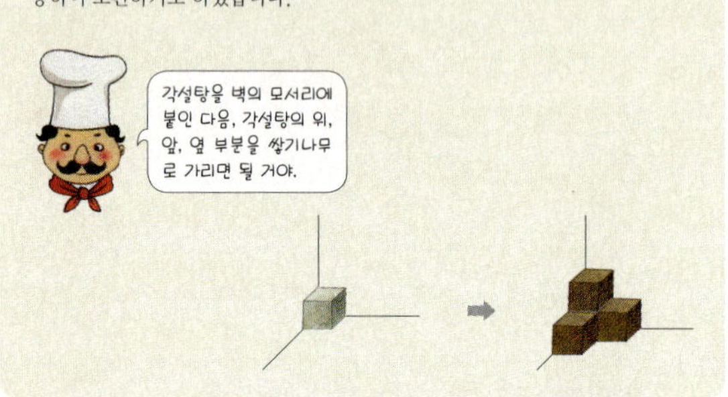

각설탕을 벽의 모서리에 붙인 다음, 각설탕의 위, 앞, 옆 부분을 쌓기나무로 가리면 될 거야.

다음과 같은 똑같은 각설탕 4개를 모두 보이지 않게 가리는 데 필요한 쌓기나무는 적어도 몇 개입니까? (단, 쌓기나무는 각설탕과 크기가 같습니다.) 6개

❶ 보이는 쌓기나무와 보이지 않는 쌓기나무의 수를 각각 □ 안에 써넣으시오.

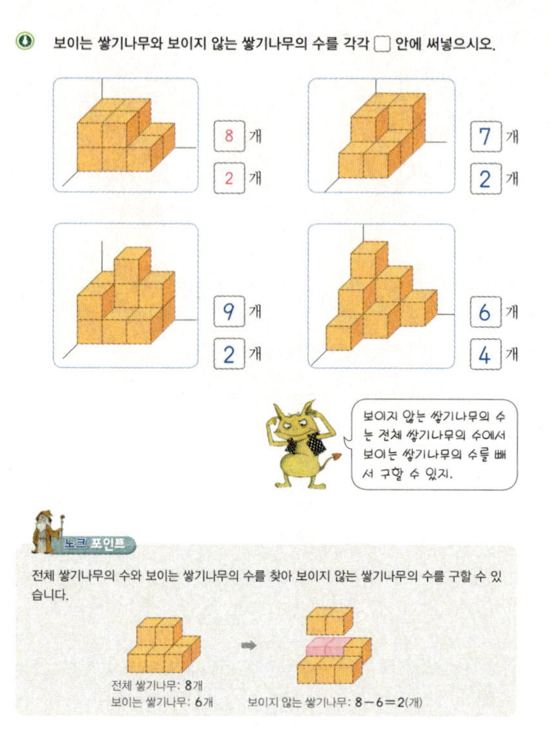

노크 포인트

전체 쌓기나무의 수와 보이는 쌓기나무의 수를 찾아 보이지 않는 쌓기나무의 수를 구할 수 있습니다.

전체 쌓기나무: 8개
보이는 쌓기나무: 6개
보이지 않는 쌓기나무: 8－6＝2(개)

24·25

쌓기나무의 수

다음 모양에 있는 쌓기나무의 수를 두 가지 방법으로 구해 봅시다.

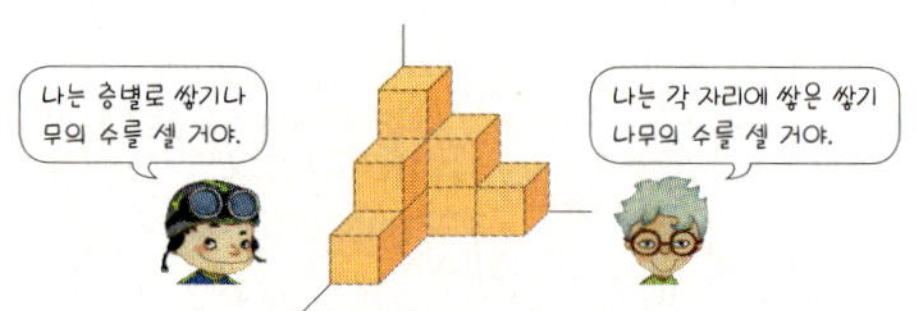

❶ 각 층별로 쌓기나무의 수를 세어 전체 쌓기나무의 수를 구하시오. 9개

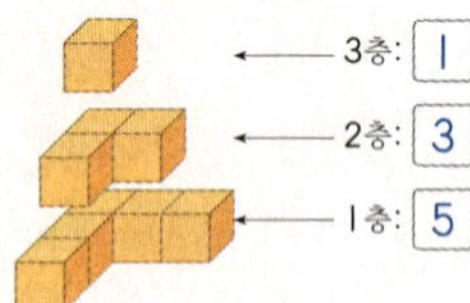

❷ 각 자리에 쌓은 쌓기나무의 수를 세어 전체 쌓기나무의 수를 구하시오. 9개

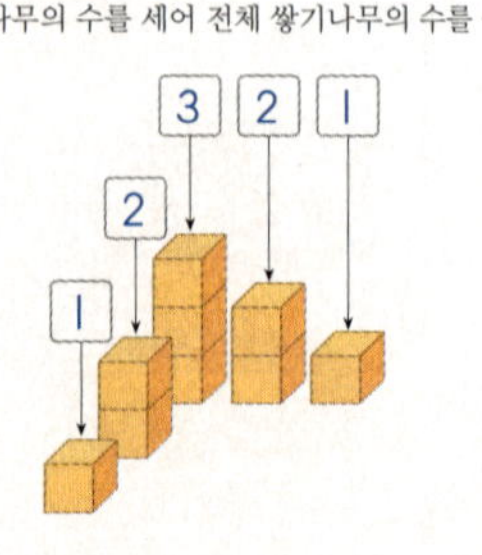

[쌓기나무의 수 구하기]

1 다음 모양에 있는 쌓기나무의 수를 구하시오. 20개

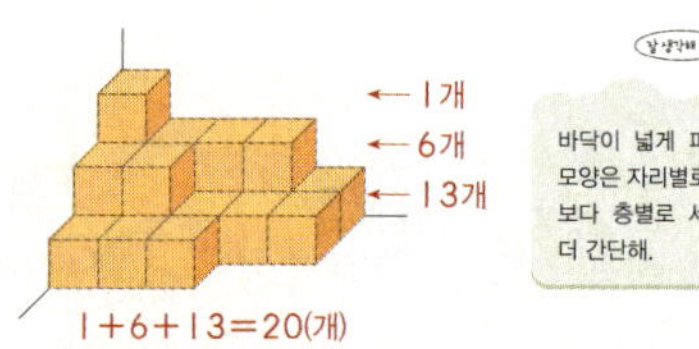

바닥이 넓게 퍼져 있는 모양은 자리별로 세는 것보다 층별로 세는 것이 더 간단해.

[줄어든 쌓기나무의 수]

2 왼쪽 모양에서 쌓기나무 몇 개를 뺐더니 오른쪽 모양이 되었습니다. 빼낸 쌓기나무는 몇 개입니까? 12개

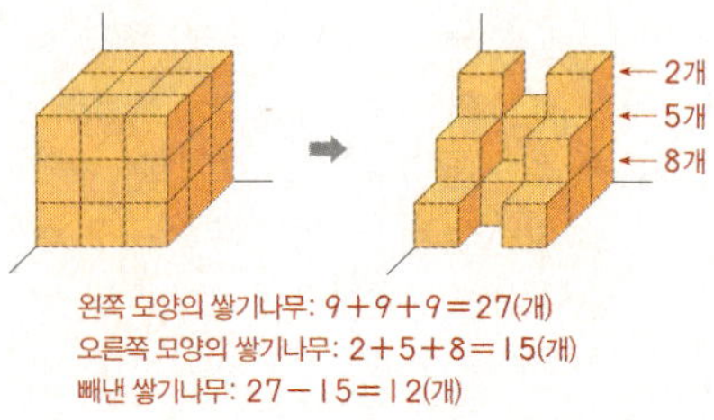

왼쪽 모양의 쌓기나무: 9＋9＋9＝27(개)
오른쪽 모양의 쌓기나무: 2＋5＋8＝15(개)
빼낸 쌓기나무: 27－15＝12(개)

26·27

숨은 쌓기나무

쌓기나무를 벽에 붙여서 쌓았습니다. 보이지 않는 쌓기나무는 몇 개인지 구해 봅시다.

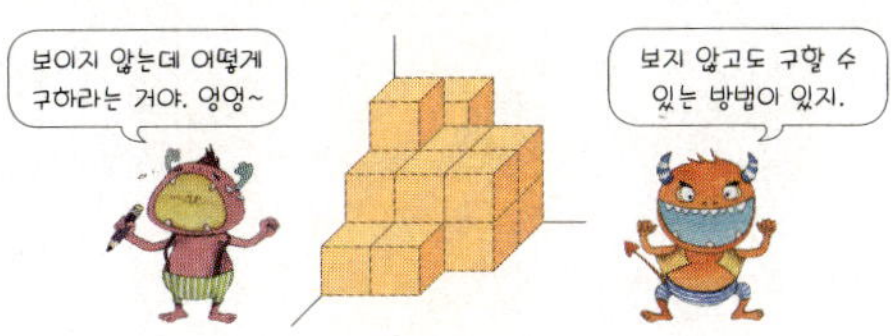

❶ 각 자리에 쌓은 쌓기나무의 수를 세어 전체 쌓기나무의 수를 구하시오. 16개

❷ 보이는 쌓기나무는 몇 개입니까? 10개

❸ 보이지 않는 쌓기나무의 수는 전체 쌓기나무의 수에서 보이는 쌓기나무의 수를 뺀 값과 같습니다. 보이지 않는 쌓기나무는 몇 개입니까? 6개

16－10＝6(개)

[보이지 않는 쌓기나무]

1 쌓기나무를 벽에 붙여서 쌓았습니다. 보이지 않는 쌓기나무는 몇 개입니까? 4개

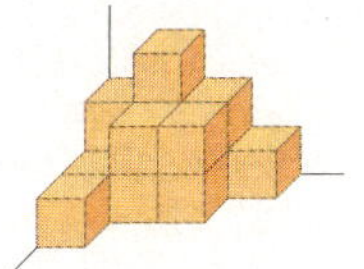

전체 쌓기나무: 14개
보이는 쌓기나무: 10개
보이지 않는 쌓기나무: 14－10＝4(개)

[색칠하지 않는 쌓기나무]

2 쌓기나무 35개를 다음과 같이 쌓은 다음, 바닥면을 뺀 보이는 모든 면에 색칠하였습니다. 어느 면에도 색칠하지 않은 쌓기나무의 수를 구하시오. 10개

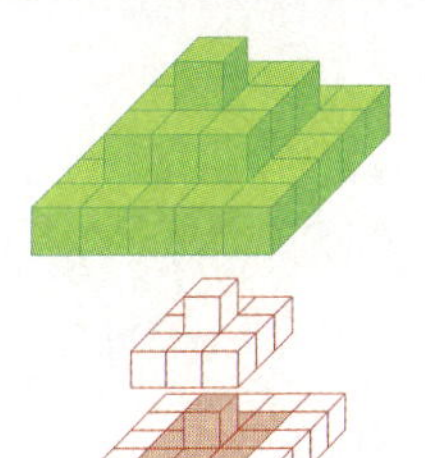

숨어서 보이지 않는 쌓기나무에는 색칠이 되지 않겠지. 그것도 몰라?

28·29

창의적 문제해결력

1 왼쪽 블록을 여러 개 사용하여 오른쪽 모양을 만들었습니다. 사용한 블록은 모두 몇 개입니까? 8개

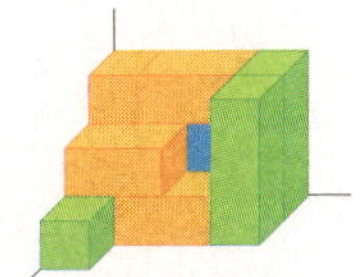

주황색 블록: 4개, 연두색 블록: 3개, 파란색 블록: 1개
전체 블록: 4＋3＋1＝8(개)

2 오른쪽 모양을 만들기 위해 필요한 나머지 조각 2개를 모두 찾아 기호를 쓰시오. 가, 다

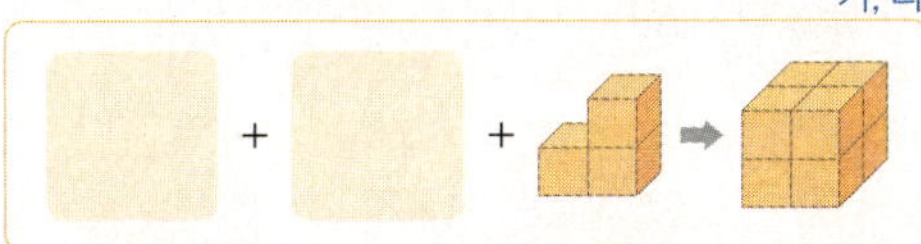

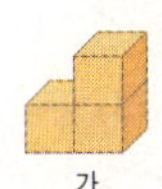
가

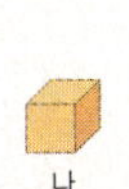
나

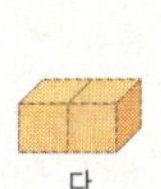
다

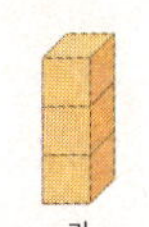
라

오른쪽 모양은 쌓기나무 8개로 된 모양이므로 나머지 조각 2개는 쌓기나무 8－3＝5(개)로 된 모양이어야 합니다. 조각 2개를 합쳐서 쌓기나무가 모두 5개가 되는 경우는 가, 다 또는 다, 라입니다. 그중 오른쪽 모양을 만들 수 있는 조각은 가, 다입니다.

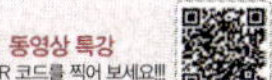

3 다음과 같은 규칙으로 쌓기나무를 쌓을 때, 일곱 번째 모양으로 알맞은 것의 기호를 쓰시오. 라

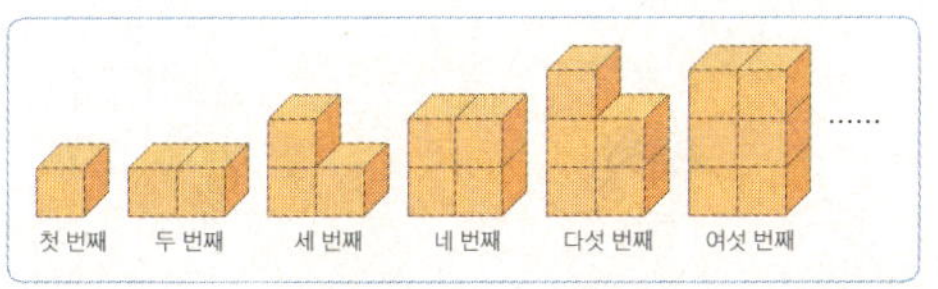

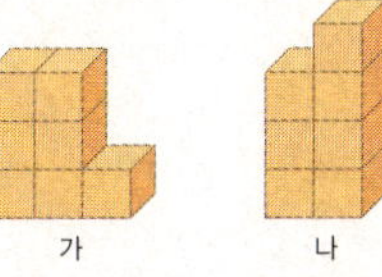
가

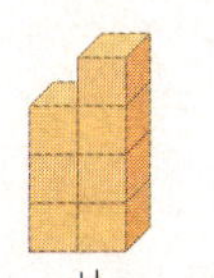
나

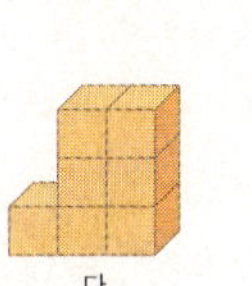
다

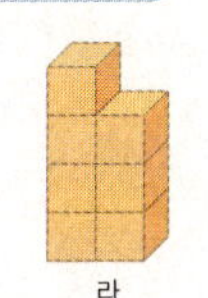
라

쌓기나무가 왼쪽과 오른쪽에 번갈아 1개씩 늘어나는 규칙입니다.

4 쌓기나무를 벽에 붙여서 쌓았습니다. 보이지 않는 쌓기나무는 몇 개입니까? 30개

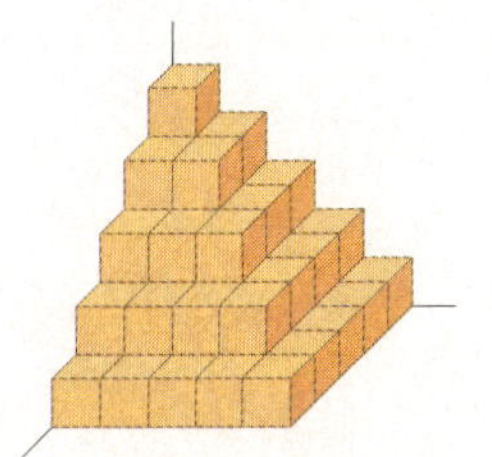

전체 쌓기나무: 55개
보이는 쌓기나무: 25개
보이지 않는 쌓기나무: 55－25＝30(개)

Chapter 2

입체 관찰

32·33

4 펼친 모양

여러 가지 모양의 선물 상자가 있습니다. 상자의 겉면에 색종이를 잘라 붙여 포장하려고 합니다.

주사위 모양은 ■ 모양 색종이 6장이 필요하군.
삼각 김밥 모양은 ▲모양 2장, ■ 모양 3장이면 돼.
피라미드 모양은 ▲모양 4장, ■ 모양 1장이 필요해.

다음 상자 모양을 포장하려고 할 때 필요한 색종이의 모양을 그리고, 각 색종이의 수를 쓰시오.

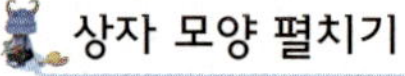

▲ 모양: 4 장

⬟ 모양: 2 장

■ 모양: 5 장

피라미드는 돌이나 벽돌을 쌓아 만든 ▲ 모양의 거대한 건축물로 이집트 등지에서 주로 왕이나 왕족의 무덤으로 만들어졌어.

① 왼쪽 모양에서 찾을 수 있는 면의 모양을 그리고, 각 면의 수를 쓰시오.

▲ 8 개

■ 2 개, ▮ 4 개

⬢ 1 개, ▲ 6 개

평평한 부분을 면이라고 해. (면) 위의 상자 모양에는 면이 6개 있어.

노크 포인트

상자 모양을 펼치면 오른쪽 펼친 모양이 됩니다. 펼친 모양의 점선을 따라 접으면 상자 모양이 만들어집니다.

34·35

상자 모양 펼치기

다음 중 점선을 따라 접었을 때 상자 모양을 만들 수 있는 것을 찾아봅시다. 준비물 펼친 모양

가 나 다 라

면이 6개야.

상자 모양으로 접었을 때 겹쳐지는 면이 있으면 안 돼.

❶ 상자 모양의 면은 모두 6개입니다. 면이 6개가 아닌 것의 기호를 쓰시오. 라

❷ 점선을 따라 상자 모양으로 접었을 때 겹쳐지는 면이 있는 것을 모두 찾아 기호를 쓰시오. 나, 다

준비물을 이용해서 직접 접어 보면 쉽게 알 수 있을 텐데…….

❸ 상자 모양을 만들 수 있는 것의 기호를 쓰시오. 가

[펼친 모양이 아닌 것]

1 다음 중 점선을 따라 접었을 때 상자 모양을 만들 수 없는 것을 모두 찾아 ×표 하시오. 준비물 펼친 모양

[마주 보는 면]

2 다음은 상자 모양을 펼친 것입니다. 마주 보는 면끼리 같은 색으로 칠해 보시오. 준비물 펼친 모양

펼친 모양을 접었을 때 서로 만나지 않는 면이 마주 보게 되지.

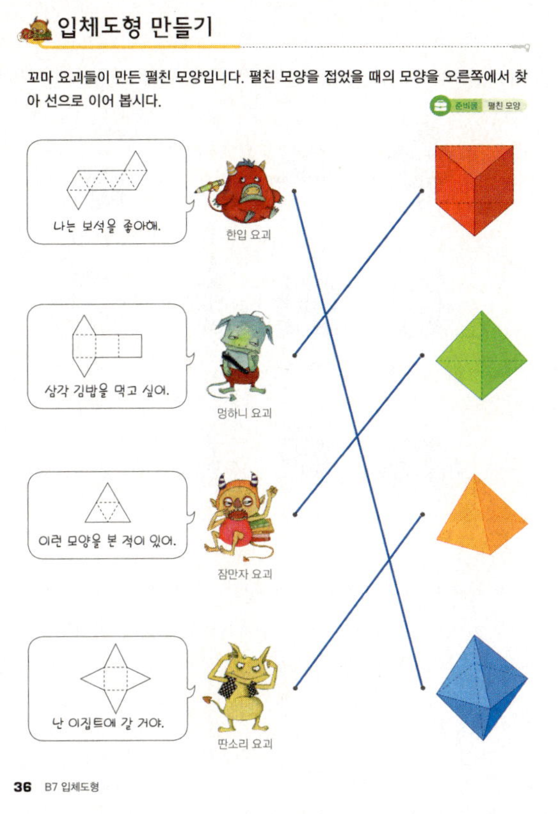

36
37
입체도형 만들기
꼬마 요괴들이 만든 펼친 모양입니다. 펼친 모양을 접었을 때의 모양을 오른쪽에서 찾아 선으로 이어 봅시다.
나는 보석을 좋아해.
한입 요괴
삼각 김밥을 먹고 싶어.
멍하니 요괴
이런 모양을 본 적이 있어.
잠만자 요괴
난 이집트에 갈 거야.
딴소리 요괴
36 B7 입체도형

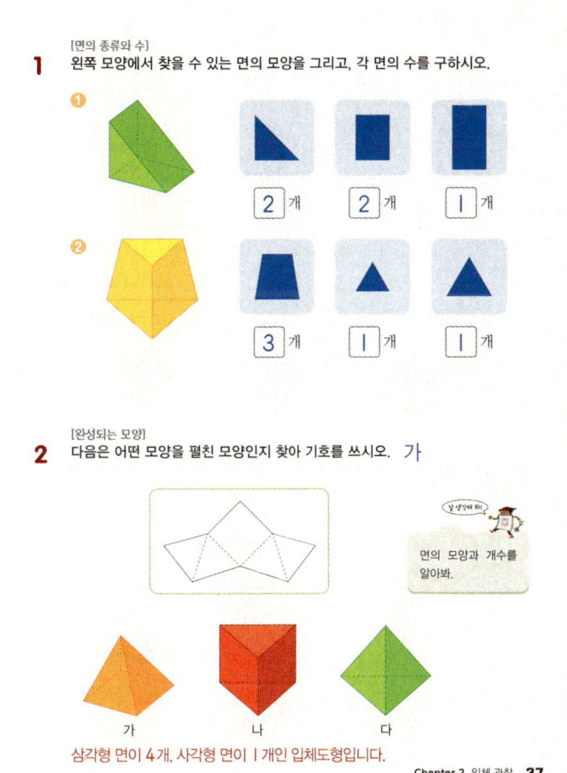

[면의 종류와 수]
1 왼쪽 모양에서 찾을 수 있는 면의 모양을 그리고, 각 면의 수를 구하시오.
2 개
2 개
1 개
3 개
1 개
1 개
[완성되는 모양]
2 다음은 어떤 모양을 펼친 모양인지 찾아 기호를 쓰시오. 가
면의 모양과 개수를 알아봐.
가
나
다
삼각형 면이 4개, 사각형 면이 1개인 입체도형입니다.
Chapter 2 입체 관찰 37

38
39
5 실루엣과 그림자
사람, 사물 등의 그림자 윤곽을 그린 다음 그 가운데를 검게 칠한 그림을 실루엣(Silhouette), 우리말로는 그림자 그림이라고 합니다.
실루엣
실루엣이라는 이름은 프랑스의 정치가 드 실루엣에서 따왔습니다. 실루엣은 자신의 초상화를 여러 가지 색이 아닌 한 가지 색 물감으로만 나타내게 했습니다. 이러한 방법이 발전하여 오늘날에도 사용되고 있습니다.
다음은 네 친구들이 서 있는 모습을 실루엣으로 나타낸 것입니다. 왼쪽부터 서 있는 친구의 이름을 써넣으시오.
아인
지오
초이
태경
지오 태경 초이 아인
38 B7 입체도형

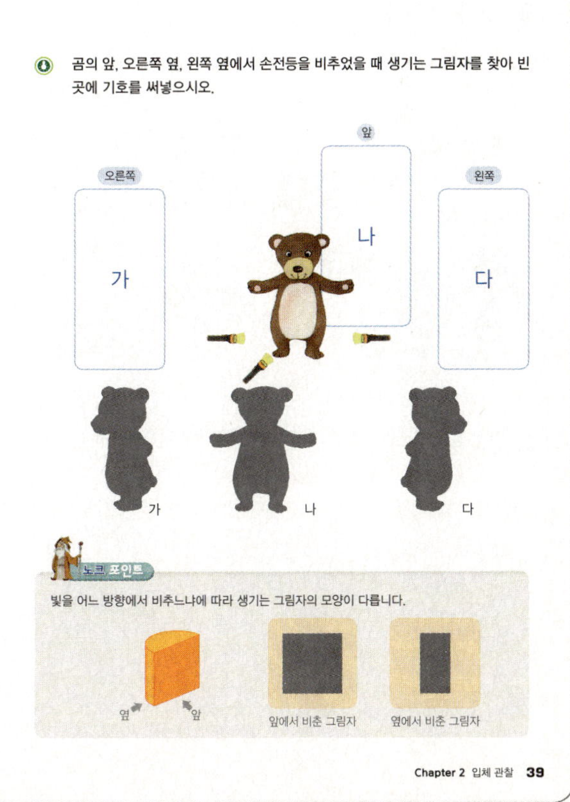

곰의 앞, 오른쪽 옆, 왼쪽 옆에서 손전등을 비추었을 때 생기는 그림자를 찾아 빈 곳에 기호를 써넣으시오.
앞
오른쪽
왼쪽
가
나
다
가
나
다
노크 포인트
빛을 어느 방향에서 비추느냐에 따라 생기는 그림자의 모양이 다릅니다.
옆
앞
앞에서 비춘 그림자
옆에서 비춘 그림자
Chapter 2 입체 관찰 39

40·41

여러 방향 그림자

다음 모양을 앞과 왼쪽 옆에서 손전등을 비추었을 때 생기는 그림자를 각각 그려 봅시다.

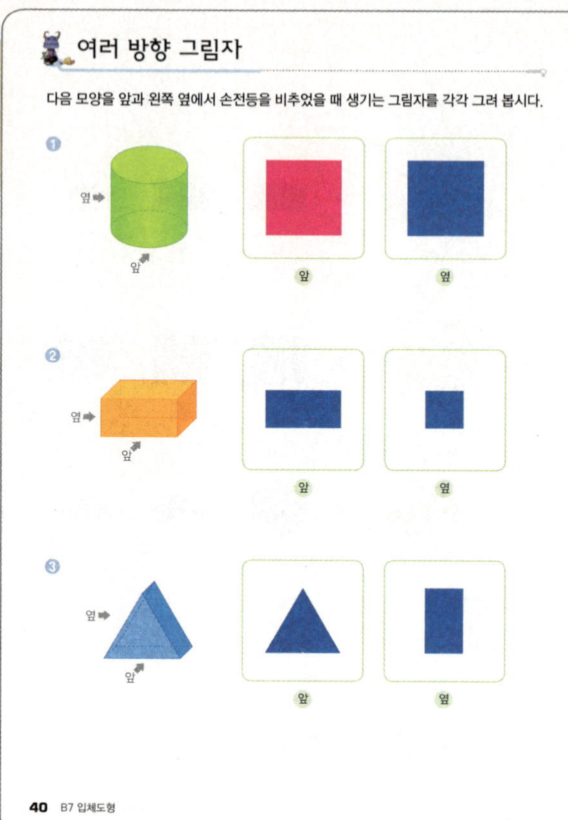

[다른 방향 같은 그림자]

1 앞에서 손전등을 비추었을 때 생기는 그림자와 위에서 손전등을 비추었을 때 생기는 그림자가 똑같은 모양의 기호를 쓰시오. 가

가 나 다

[생길 수 없는 그림자]

2 주어진 모양을 위, 앞, 왼쪽 옆에서 빛을 비추었을 때 생기는 그림자가 될 수 없는 모양을 찾아 ×표 하시오.

위 옆 앞

앞 옆 위

42·43

쌓은 모양 그림자

초이와 태경이는 왼쪽 두 조각을 합쳐서 서로 다른 모양을 만든 후 손전등을 위와 앞에서 비추었습니다. 합쳐서 만든 모양의 그림자를 알아봅시다.

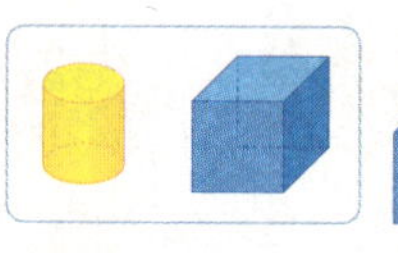

이상해. 두 모양은 다른데 위에서 비추니 같은 모양의 그림자가 나왔어.

❶ 두 조각을 위와 앞에서 손전등을 비추었을 때 생기는 그림자를 각각 그려 보시오.

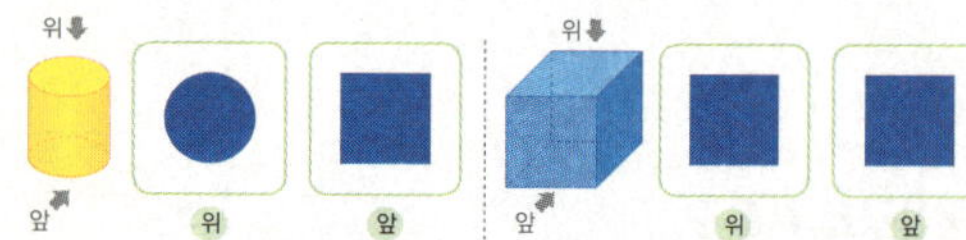

❷ 합쳐서 만든 모양을 위와 앞에서 손전등을 비추었을 때 생기는 그림자를 각각 그려 보시오.

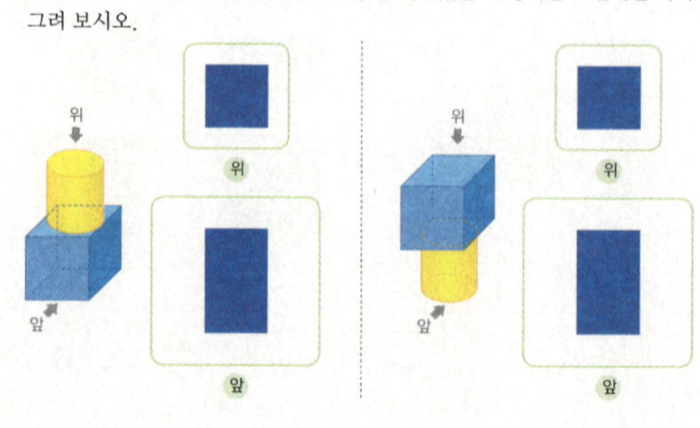

[2층 그림자]

1 왼쪽 모양을 위와 앞에서 손전등을 비추었을 때 생기는 그림자를 각각 그려 보시오.

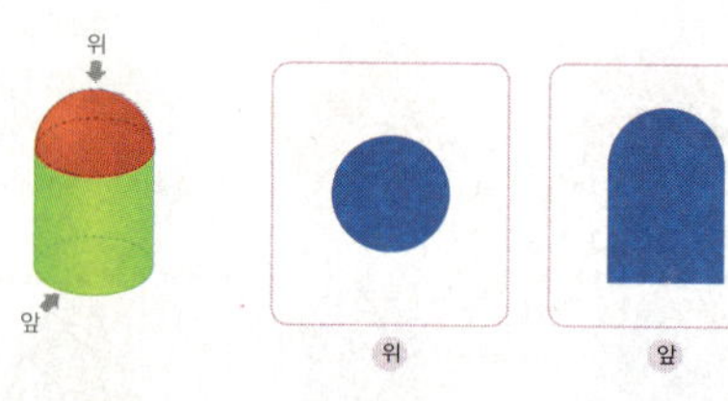

[나올 수 없는 그림자]

2 왼쪽 모양을 위, 앞, 왼쪽 옆에서 손전등을 비추었을 때 생기는 그림자가 될 수 없는 것을 찾아 ×표 하시오.

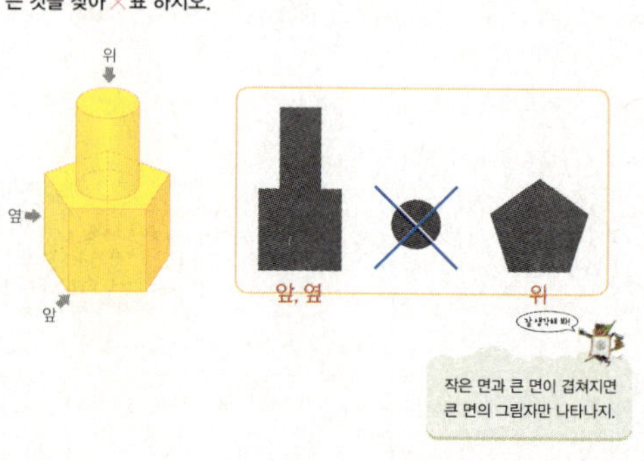

작은 면과 큰 면이 겹쳐지면 큰 면의 그림자만 나타나지.

44
45

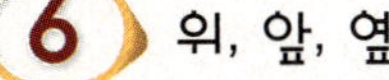

마술 상자 속에 입체도형이 숨겨져 있습니다. 태경이는 마술 상자의 위쪽 구멍을 통해 안을 들여다 보고, 아인이는 오른쪽 구멍을 통해 안을 들여다 보고 있습니다.

태경이와 아인이의 말이 모두 맞다고 합니다. 마술 상자 안에 숨겨진 모양을 찾아 ○표 하시오.

 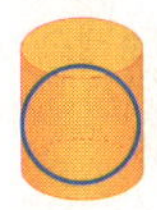 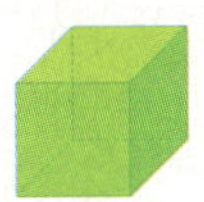 

위에서 본 모양이 원이고, 옆에서 본 모양이 사각형인 모양은 둥근기둥 모양입니다.

왼쪽 모양을 위, 앞, 오른쪽 옆에서 본 모양을 각각 그려 보시오.

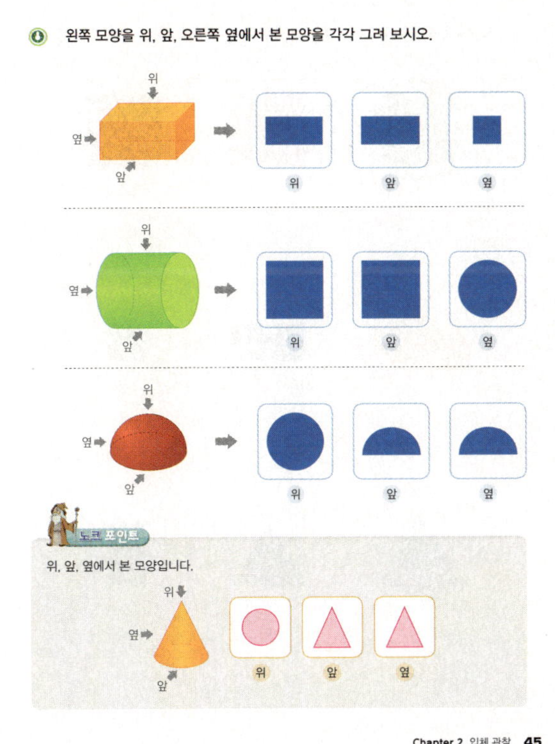

46
47

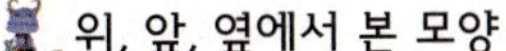

다음 모양을 보고 물음에 답하시오.

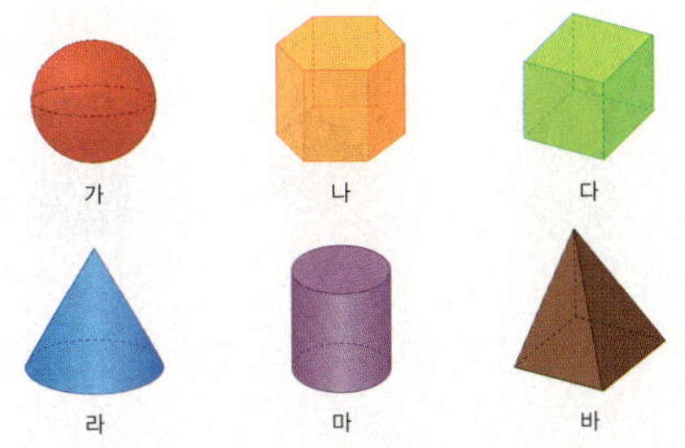

① 위에서 본 모양이 원인 모양을 모두 찾아 기호를 쓰시오. 가, 라, 마

② 옆에서 본 모양이 삼각형인 모양을 모두 찾아 기호를 쓰시오. 라, 바

③ 위에서 본 모양이 사각형이고, 앞에서 본 모양도 사각형인 모양을 찾아 기호를 쓰시오. 다

뿔 모양으로 생긴 모양을 옆에서 보면 항상 삼각형 모양이야.

④ 위, 앞, 옆에서 본 모양이 서로 같은 모양을 모두 찾아 기호를 쓰시오. 가, 다

[앞에서 본 모양이 사각형인 도형]

1 앞에서 본 모양이 사각형인 모양을 모두 찾아 ○표 하시오.

[여러 방향에서 본 모양]

2 왼쪽 모양을 여러 방향에서 보았을 때, 나올 수 없는 모양을 찾아 ×표 하시오.

위

앞

오른쪽 옆

48·49

쌓은 모양의 위, 앞, 옆

왼쪽 모양을 위에서 본 모양과 앞에서 본 모양을 각각 그려 보시오.

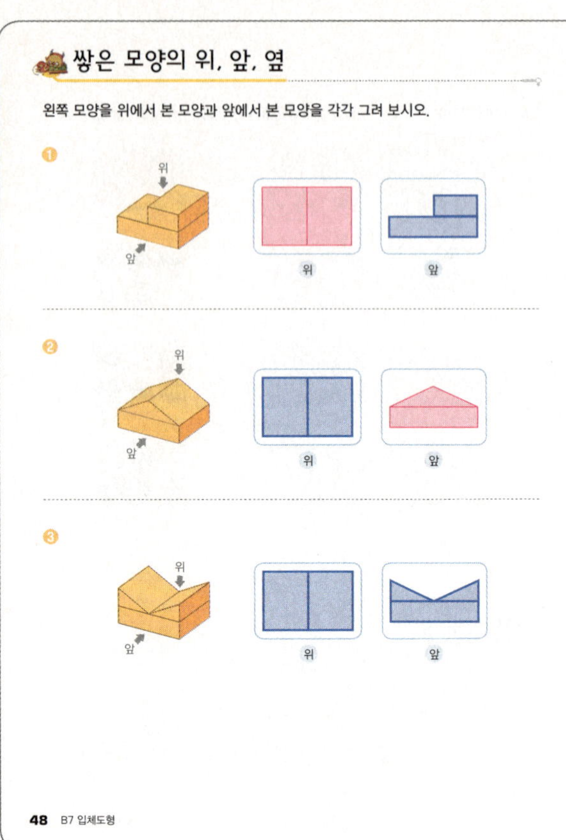

[옆에서 본 모양]

1 옆에서 본 모양이 다른 하나를 찾아 기호를 쓰시오. 다

가 나 다

둥근기둥 모양을 옆에서 본 모양은 항상 사각형이 되지.

옆에서 보면 가, 나는 모두 사각형 위에 삼각형이 있는 모양이고, 다는 사각형 위에 원을 절반으로 나눈 도형이 있는 모양입니다.

[나올 수 없는 모양]

2 왼쪽 모양을 여러 방향에서 보았을 때 나올 수 없는 모양을 찾아 ×표 하시오.

앞, 옆　　　위

50·51

창의적 문제해결력

1 왼쪽은 어떤 모양을 펼친 모양인지 찾아 기호를 쓰시오. 다

가 나 다 라

다의 옆면을 빨간 선을 따라 잘라서 펼친 모양입니다.

2 각 모양들이 들어갈 수 있는 문을 선으로 이어 보시오.

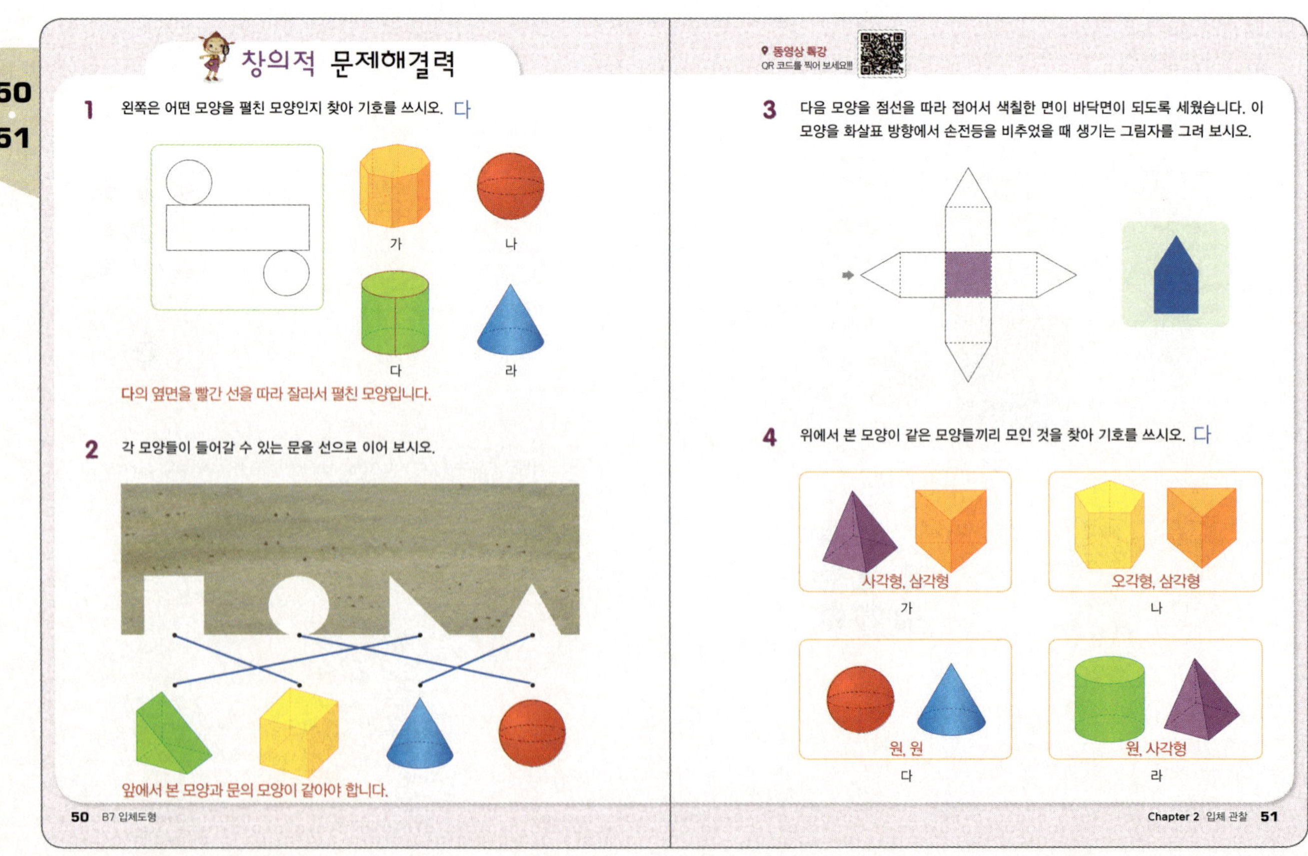

앞에서 본 모양과 문의 모양이 같아야 합니다.

동영상 특강
QR 코드를 찍어 보세요!

3 다음 모양을 점선을 따라 접어서 색칠한 면이 바닥면이 되도록 세웠습니다. 이 모양을 화살표 방향에서 손전등을 비추었을 때 생기는 그림자를 그려 보시오.

4 위에서 본 모양이 같은 모양들끼리 모인 것을 찾아 기호를 쓰시오. 다

사각형, 삼각형
가

오각형, 삼각형
나

원, 원
다

원, 사각형
라

색종이

54 · 55

7 구멍 뚫린 색종이

"양 한 마리를 그려 줘!"
이것이 어린 왕자가 그에게 한 첫 번째 말이었습니다. 그는 양 한 마리를 그려서 어린 왕자에게 보여 주었습니다.
"아니야. 이 양은 벌써 아파보이는 걸? 다시 그려 줘."
어쩔 수 없이 그는 다시 양을 그렸습니다.
"이건 뿔이 있잖아. 양이라기보다는 염소처럼 보여."
그래서 그는 다시 한 마리를 더 그렸습니다.
"이 양은 너무 늙었어. 나는 오래 데리고 있을 수 있는 양이 필요해."
그림에는 자신이 없던 그는 어린 왕자의 요구에 지쳤습니다. 하는 수 없이 그는 구멍이 뚫려 있는 상자 하나를 어린 왕자에게 그려 주었습니다.
"이건 상자야. 네 친구인 양은 그 안에 있어."
그러자 어린 왕자는 비로소 기뻐했습니다.
"이게 바로 내가 원하던 거야!"

왼쪽은 어린 왕자가 구멍 너머로 본 양의 모습입니다. 어린 왕자의 양을 찾아 쓰시오. 가

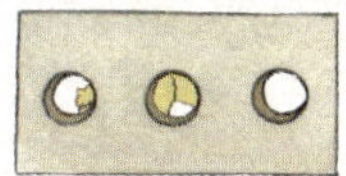

가

나

다

❶ 다음과 같이 구멍 뚫린 색종이 2장을 겹칠 때 막히는 부분에 모두 색칠하시오.

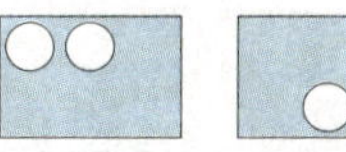

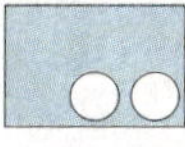

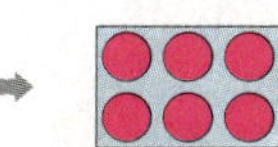

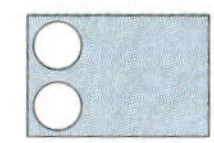

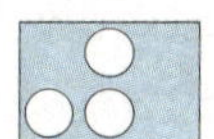

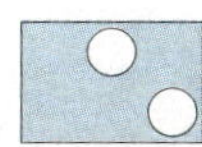

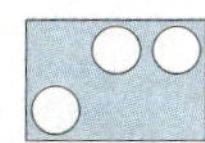

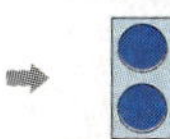

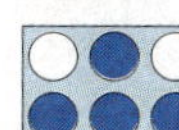

노크 포인트

구멍 뚫린 종이 2장을 겹칠 때, 같은 위치에 뚫린 구멍만 뒤쪽이 보입니다.

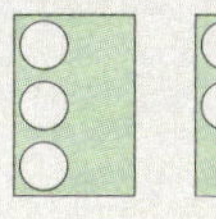

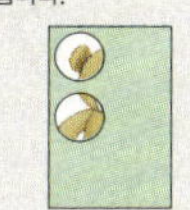

56 · 57

구멍 겹치기

다음과 같이 구멍 뚫린 카드 3장을 겹쳐 아래 9가지 색 종이 위에 올려놓을 때 보이는 색을 찾아봅시다.

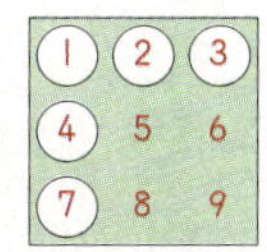

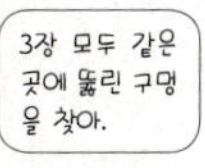

3장 모두 같은 곳에 뚫린 구멍을 찾아.

❶ 구멍 뚫린 카드 3장을 겹칠 때 막히는 부분에 모두 색칠하시오.

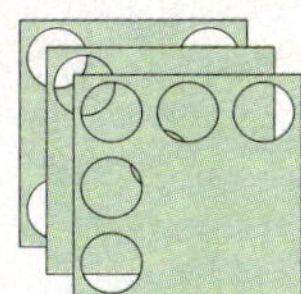

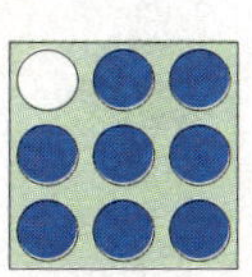

❷ 뚫린 구멍 사이로 보이는 색은 무슨 색입니까? 빨간색

왼쪽 맨 위에 있는 구멍부터 번호를 붙일 때, 세 카드에 모두 뚫린 구멍은 1번 구멍입니다. 1번 구멍 위치에 있는 색은 빨간색입니다.

[과일과 채소]

1 다음과 같이 구멍 뚫린 카드 2장을 겹쳐 오른쪽 그림 위에 올려놓을 때 보이는 과일이나 채소를 모두 찾아 ○표 하시오.

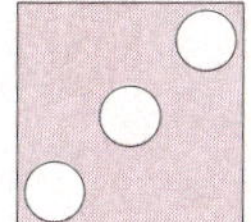

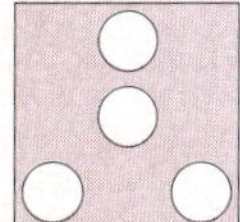

[구멍 너머 동물]

2 다음과 같이 구멍 뚫린 카드 3장을 겹쳐 아래 그림 위에 올려놓을 때 보이는 동물에 ○표 하시오.

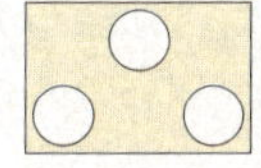

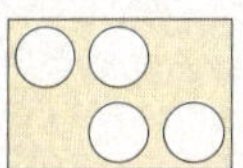

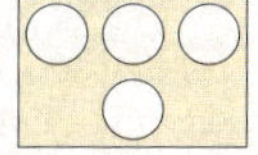

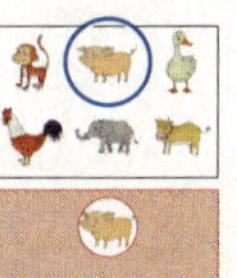

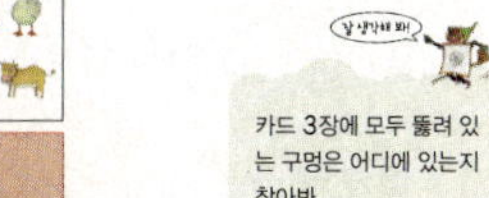

카드 3장에 모두 뚫려 있는 구멍은 어디에 있는지 찾아봐.

58·59

보이는 숫자

다음과 같이 구멍 뚫린 색종이 1장을 숫자가 적힌 종이 위에 여러 가지 방법으로 돌려가며 겹쳐놓을 때, 보이는 숫자의 합이 가장 큰 경우를 알아봅시다.

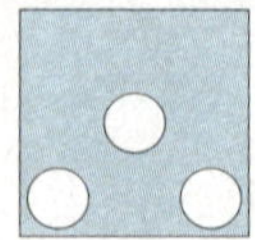

3	2	4
1	5	3
2	4	1

❶ 구멍 뚫린 색종이를 시계 방향으로 반의 반 바퀴씩 돌려가며 겹쳐놓을 때 보이는 숫자에 각각 ○표 하시오.

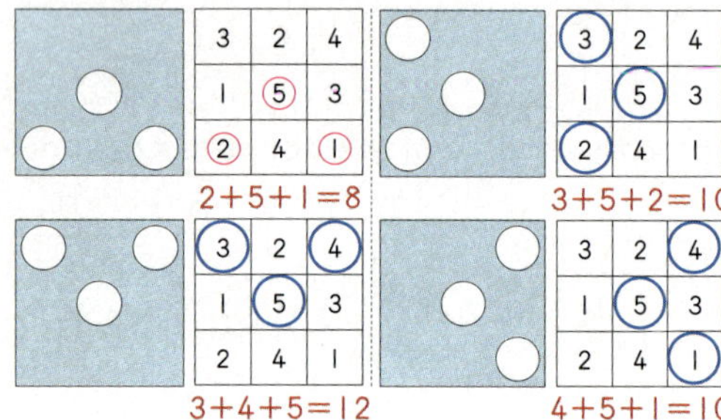

2+5+1=8　　3+5+2=10

3+4+5=12　　4+5+1=10

❷ 보이는 숫자의 합이 가장 클 때의 값을 구하시오. 12

[보이는 숫자의 합]

1 다음과 같이 구멍 뚫린 색종이 1장을 숫자가 적힌 종이 위에 여러 가지 방법으로 돌려 가며 겹쳐놓을 때, 보이는 숫자의 합이 가장 작은 경우의 값을 구하시오. 3

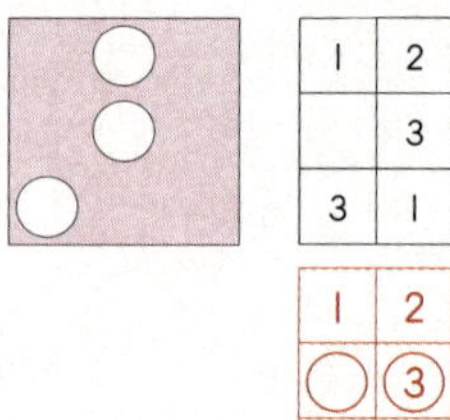

1	2	
	3	2
3	1	

1	2	
○	③	2
3	1	○

[겹친 색종이 너머 숫자]

2 다음과 같이 구멍 뚫린 색종이 2장을 여러 가지 방법으로 돌려서 서로 겹친 다음 숫자가 적힌 종이 위에 겹쳐놓을 때, 보이는 숫자의 합이 가장 큰 경우의 값을 구하시오. 6

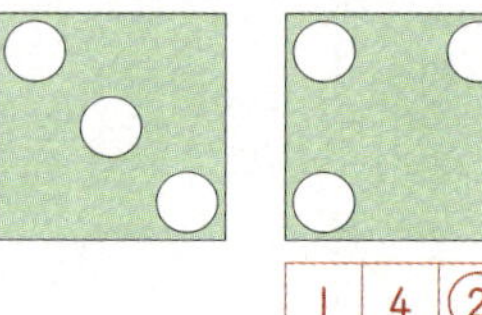

1	4	2
2	5	3
4	1	3

1	4	②
2	5	3
④	1	3

많은 경우가 있을 것 같지만 실제로는 겹쳐지는 구멍이 1개인 경우와 2개인 경우만 있어.

60·61

8 색종이 자르기

아인이는 다음과 같이 원 모양의 종이를 반으로 접어서 잘라 낸 후 펼쳐서 종이 가면을 만들었습니다.

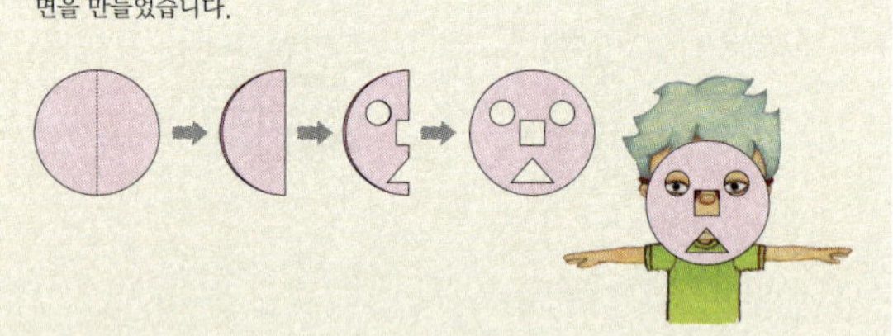

같은 방법으로 다른 모양의 가면을 만들려고 합니다. 만들어지는 모양을 그려 보시오.

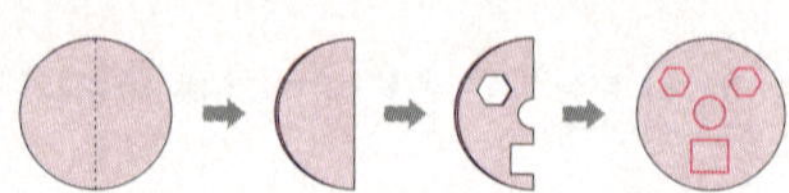

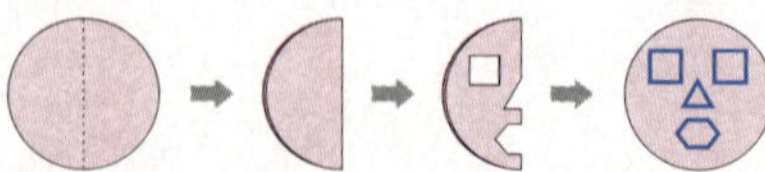

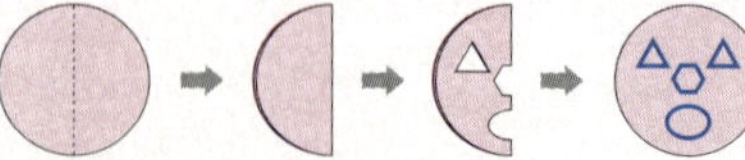

❹ 색종이를 반으로 접어서 잘라 낸 모양과 펼친 모양을 같은 것끼리 선으로 이어 보시오.

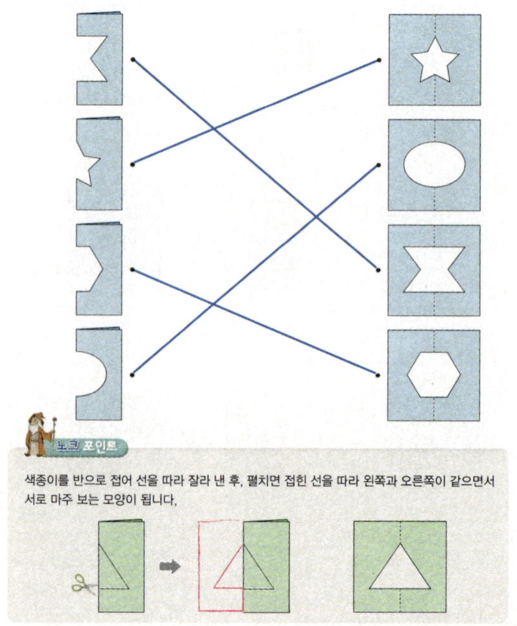

토크 포인트
색종이를 반으로 접어 선을 따라 잘라 낸 후, 펼치면 접힌 선을 따라 왼쪽과 오른쪽이 같으면서 서로 마주 보는 모양이 됩니다.

62·63

접고 펼친 모양

색종이를 반으로 접어서 자른 모양과 펼친 모양을 같은 것끼리 선으로 이어 봅시다.

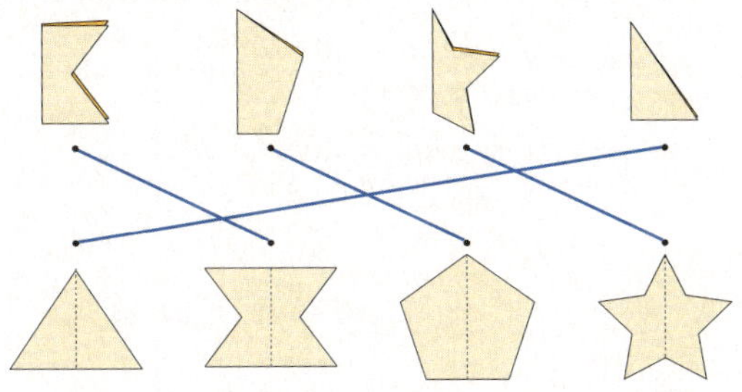

❶ 다음과 같은 방법으로 색종이를 펼쳤을 때의 모양을 그려 보시오.

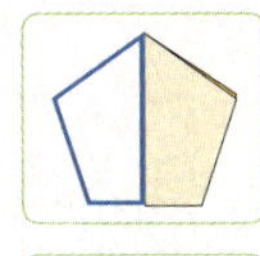

색종이를 반으로 접어서 자른 후 펼친 모양은 양쪽이 똑같이 생겼어.

❷ 색종이를 자른 모양과 펼친 모양을 같은 것끼리 선으로 이어 보시오.

[펼친 모양 그리기]

1 색종이를 반으로 접어서 자른 모양입니다. 이 색종이를 펼친 모양을 그려 보시오.

❶
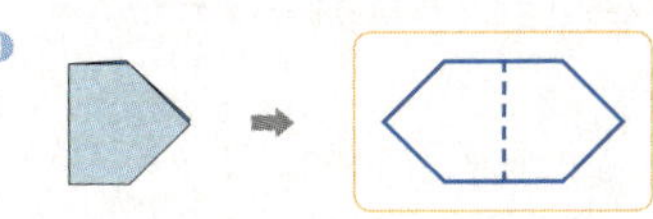

❷

색종이를 반으로 접어서 자른 후 펼친 모양은 접은 선을 따라 양쪽이 똑같이 그려집니다.

[접힌 선 그리기]

2 색종이를 반으로 2번 접었다가 펼쳤을 때 접힌 선을 오른쪽 색종이에 그려 보시오.

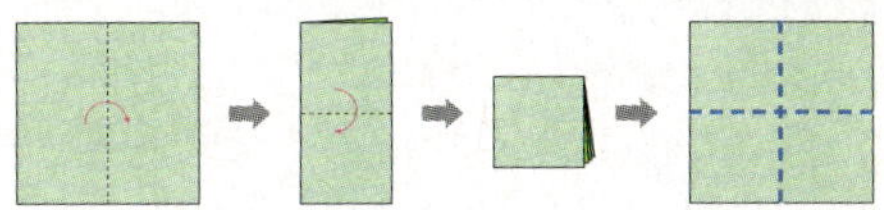

64·65

자르고 펼친 모양

색종이를 반으로 접어서 색칠한 부분을 잘라 낸 후 펼친 모양을 그려 봅시다.

❶

❷
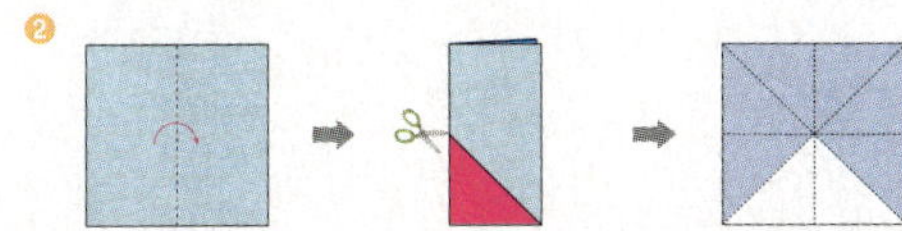

❸
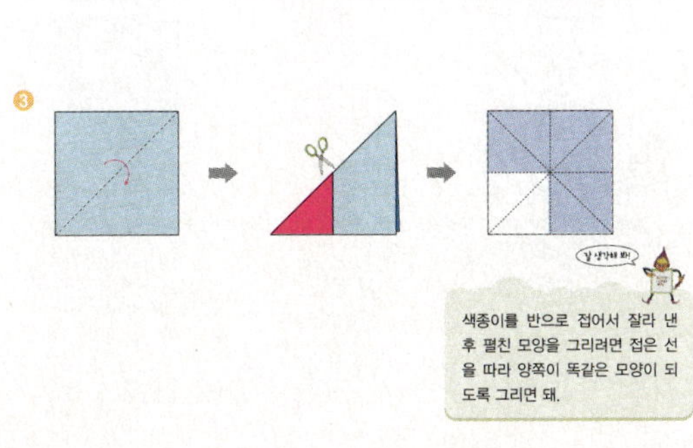

색종이를 반으로 접어서 잘라 낸 후 펼친 모양을 그리려면 접은 선을 따라 양쪽이 똑같은 모양이 되도록 그리면 돼.

[자르고 남은 모양]

1 색종이를 반으로 접어서 잘라 낸 후 펼쳤을 때, 잘라 낸 모양을 오른쪽 색종이에 그려 보시오.

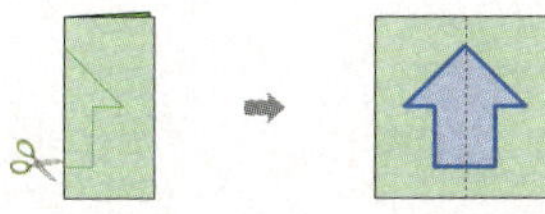

[잘라 낸 선 그리기]

2 색종이를 반으로 접어서 잘라 낸 후 펼친 모양이 다음과 같을 때, 잘라 낸 선을 왼쪽 색종이에 그려 보시오.

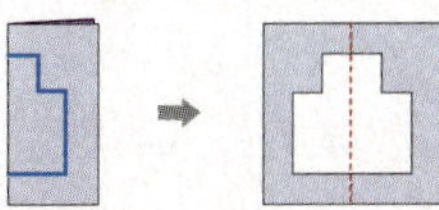

잘라 낸 부분을 접은 선을 따라 양쪽으로 똑같이 나누어 봐.

잘라 낸 부분을 접힌 선을 따라 반으로 나누었을 때 반으로 나눈 모양의 테두리 선이 잘라 낸 선과 같습니다.

66 · 67

9 겹쳐진 색종이

지오, 초이, 아인, 태경이가 앞뒤로 나란히 서서 사진을 찍었습니다.

나는 여자 아이들보다 뒤에 있고 태경이보다 앞에 있어.

나는 아인이에게 가려지니 아인이보다 뒤에 있어.

내가 맨 앞이네! 날 가리는 사람은 아무도 없으니까.

내 앞에 있는 것은 지오 뿐이야.

카메라로 경주마들이 달리는 옆 모습을 찍었습니다. 카메라와 가장 가까운 경주마부터 순서대로 빈칸에 번호를 써넣으시오.

❶ 왼쪽 색종이 ①, ②, ③을 번호 순서대로 위에서 아래로 놓이게 해서 오른쪽과 같이 겹쳤습니다. 겹쳐진 모양에 색종이의 윤곽선을 알맞게 그려 보시오.

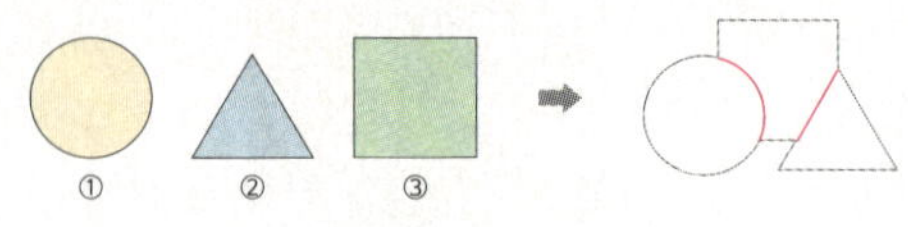

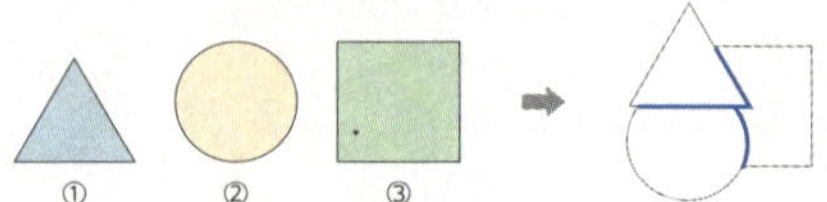

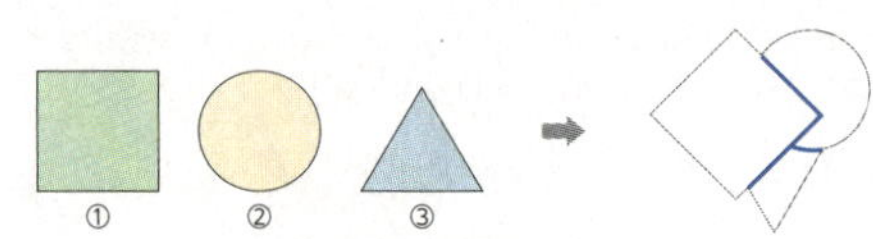

도움 포인트

위에 있는 색종이부터 한 장씩 빼면서 색종이가 겹쳐진 순서를 알아봅니다.

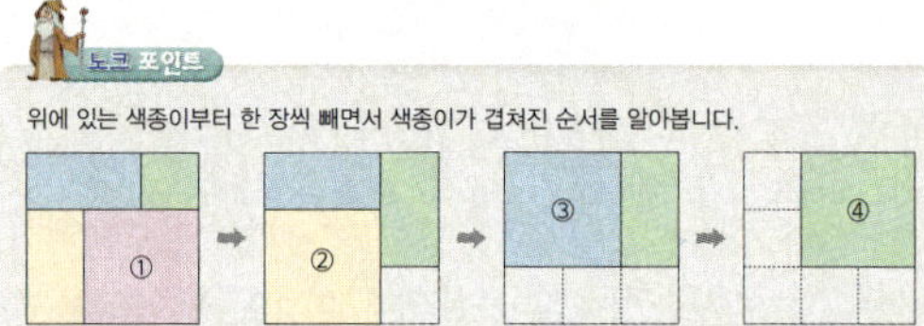

68 · 69

겹쳐진 도형의 순서

색종이를 삼각형, 사각형, 원 모양으로 2개씩 잘라서 다음과 같이 겹쳤습니다. 겹쳐진 순서를 알아봅시다.

❶ 맨 위에 있는 원 모양을 뺀 모양은 다음과 같습니다. 분홍색 원 모양 바로 아래에 있는 두 번째 모양에 ○표 하시오.

❷ 같은 방법으로 모양을 하나씩 빼면서 맨 위에 있는 색종이부터 겹쳐진 순서대로 번호를 써넣으시오.

 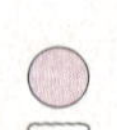  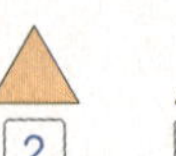  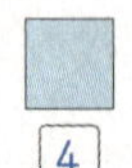 

6 1 2 3 4 5

[겹쳐진 순서 찾기]

1 여러 가지 도형을 다음과 같이 겹쳤습니다. 위에서 세 번째에 있는 도형은 몇 번입니까? ③

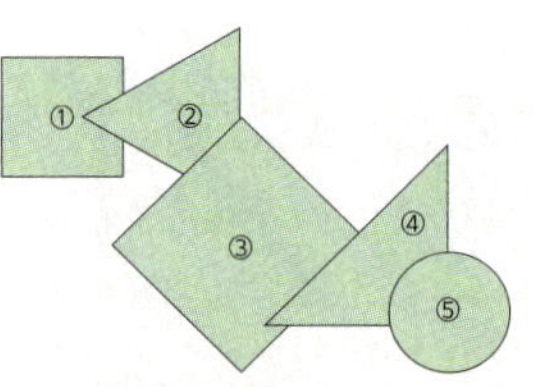

위에서부터 겹쳐진 순서: ⑤-④-③-②-①

[원 위의 도형]

2 삼각형, 사각형, 원 모양 색종이를 다음과 같이 겹쳤습니다. 원 위에 있는 삼각형과 사각형은 모두 몇 개입니까? 4개

원 위에 있으면 원을 가리고 있는 것이 당연해. 원을 가리고 있는 삼각형과 사각형을 찾아봐.

70·71

겹쳐진 색종이의 순서

크기가 모두 같은 사각형 모양 색종이 6장을 겹쳤습니다. 색종이가 겹쳐진 순서를 알아봅시다.

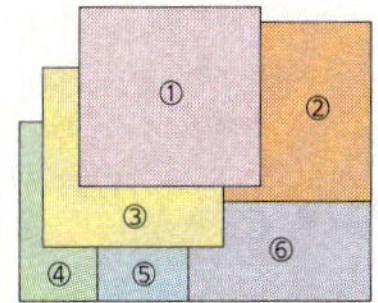

❶ 맨 위에 있는 색종이는 몇 번입니까? ①.

❷ 맨 위에 있는 색종이를 뺀 모양은 다음과 같습니다. 맨 위에 있는 색종이 바로 아래에 있는 두 번째 색종이는 몇 번입니까? ③

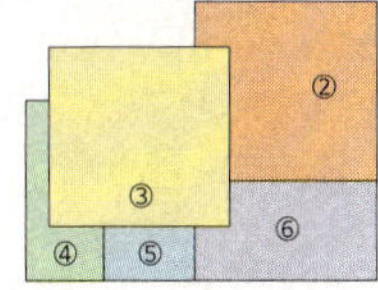

❸ 같은 방법으로 색종이를 하나씩 빼면서 맨 위에 있는 색종이부터 겹쳐진 순서대로 번호를 써넣으시오.

[삼각형 겹치기]

1 크기가 같은 삼각형 모양 색종이 6장을 겹쳤습니다. 밑에서 두 번째에 있는 색종이를 찾아 ○표 하시오.

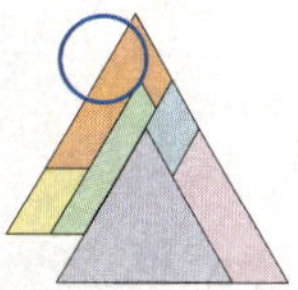

위에서부터 겹쳐진 순서: 보라 - 분홍 - 파랑 - 연두 - 주황 - 노랑

[위에 놓인 색종이의 수]

2 크기와 모양이 같은 색종이 5장을 다음과 같이 겹쳤습니다. 가 색종이 위에 있는 색종이는 모두 몇 장입니까? 1장

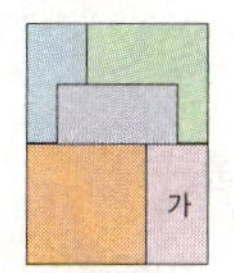

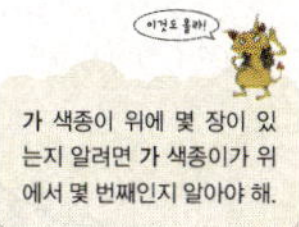

가 색종이 위에 몇 장이 있는지 알려면 가 색종이가 위에서 몇 번째인지 알아야 해.

가 색종이 위에 있는 색종이는 주황색 색종이 1장입니다.

72·73

창의적 문제해결력

1 다음과 같이 구멍 뚫린 색종이 2장을 여러 가지 방법으로 돌려서 서로 겹친 다음, 숫자가 적힌 종이 위에 겹쳐 놓을 때, 보이는 숫자의 합이 가장 큰 경우의 값을 구하시오. 5

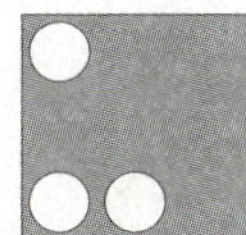

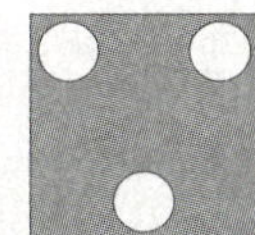

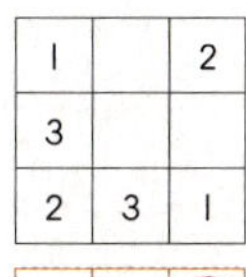

1		2
3		
2	3	1

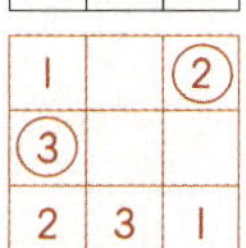

1		②
③		
2	3	1

2 색종이를 반으로 접어서 자른 후 펼친 모양이 다음과 같을 때 접힌 선을 그려 보시오.

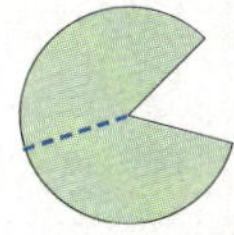

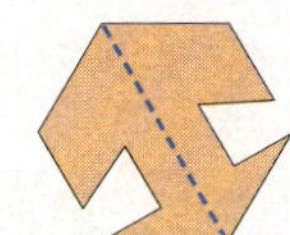

동영상 특강
QR 코드를 찍어 보세요!

3 색종이를 반으로 접어서 잘라 낸 후 펼친 모양이 다음과 같을 때 잘라 낸 선을 왼쪽 색종이에 그려 보시오.

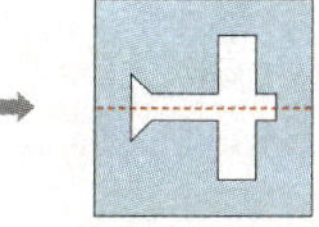

잘라 낸 부분을 접힌 선을 따라 반으로 나누었을 때 반으로 나눈 모양의 테두리 선이 잘라 낸 선과 같습니다.

4 크기가 같은 사각형 모양 색종이 4장과 원 모양 색종이 3장을 겹쳤습니다. 맨 위에 있는 색종이부터 겹쳐진 순서대로 번호를 써넣으시오.

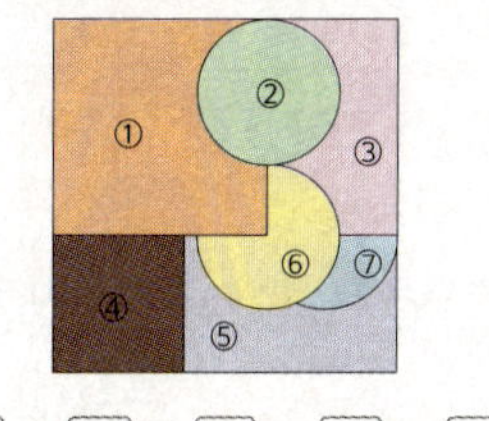

쌓기나무 위, 앞, 옆

76·77

10 쌓기나무의 위, 앞, 옆
쌓기나무 마을의 박물관에 전시된 미술품을 누군가 훔쳐 갔습니다. 범인은 알 수 없지만 박물관에 설치된 카메라에 찍힌 사진을 통해 범인의 모습을 알아볼 수 있습니다.
[위에서 찍은 사진]
[앞에서 찍은 사진]
주어진 단서를 통해 범인을 찾아 ○표 하시오.
위에서 찍은 사진을 보면 범인의 몸이 울퉁불퉁한 걸 알 수 있지.
76 B7 입체도형

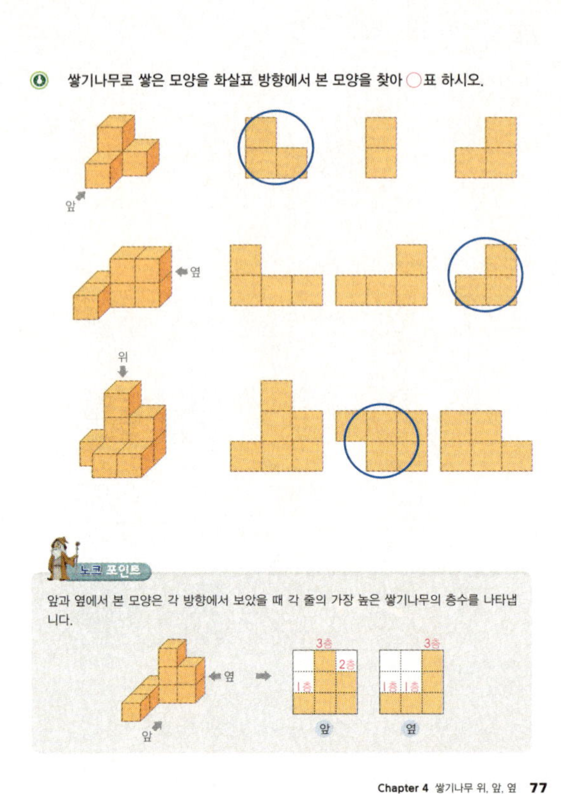

❶ 쌓기나무로 쌓은 모양을 화살표 방향에서 본 모양을 찾아 ○표 하시오.
앞
옆
위
노크 포인트
앞과 옆에서 본 모양은 각 방향에서 보았을 때 각 줄의 가장 높은 쌓기나무의 층수를 나타냅니다.
3층
2층
1층
앞
옆
Chapter 4 쌓기나무 위, 앞, 옆 77

78·79

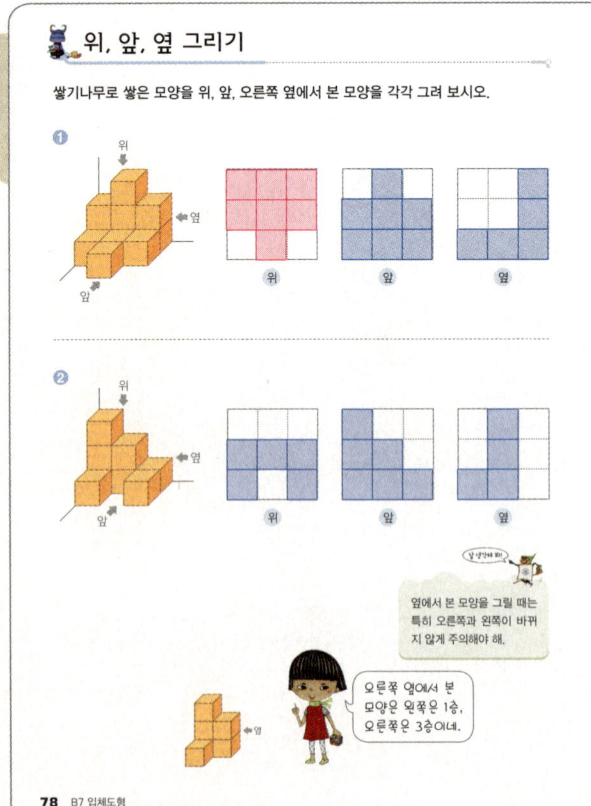

위, 앞, 옆 그리기
쌓기나무로 쌓은 모양을 위, 앞, 오른쪽 옆에서 본 모양을 각각 그려 보시오.
❶
❷
위
앞
옆
옆에서 본 모양을 그릴 때는 특히 오른쪽과 왼쪽이 바뀌지 않게 주의해야 해.
오른쪽 옆에서 본 모양은 왼쪽은 1층, 오른쪽은 3층이네.
78 B7 입체도형

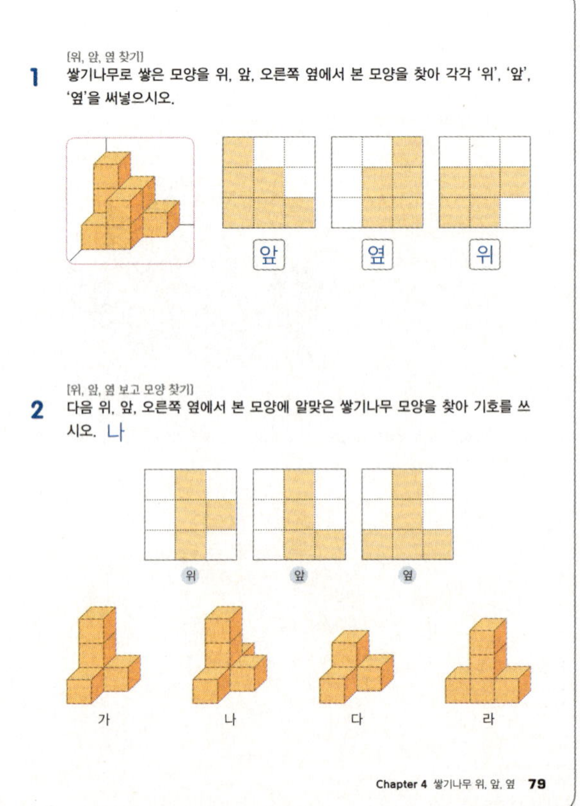

[위, 앞, 옆 찾기]
1 쌓기나무로 쌓은 모양을 위, 앞, 오른쪽 옆에서 본 모양을 찾아 각각 '위', '앞', '옆'을 써넣으시오.
앞
옆
위
[위, 앞, 옆 보고 모양 찾기]
2 다음 위, 앞, 오른쪽 옆에서 본 모양에 알맞은 쌓기나무 모양을 찾아 기호를 쓰시오. 나
위
앞
옆
가
나
다
라
Chapter 4 쌓기나무 위, 앞, 옆 79

80
81

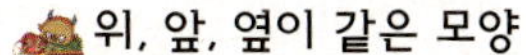

위, 앞, 옆이 같은 모양

위, 앞, 오른쪽 옆에서 본 모양이 다른 하나를 찾아봅시다.

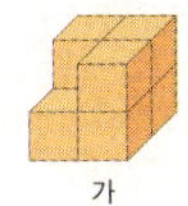
가

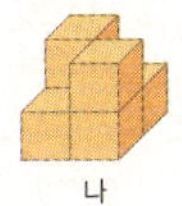
나

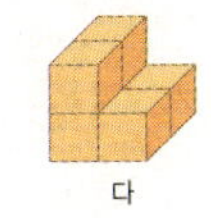
다

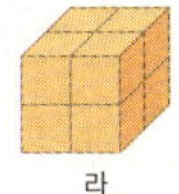
라

❶ 위, 앞, 오른쪽 옆에서 본 모양을 모두 그려 보시오.

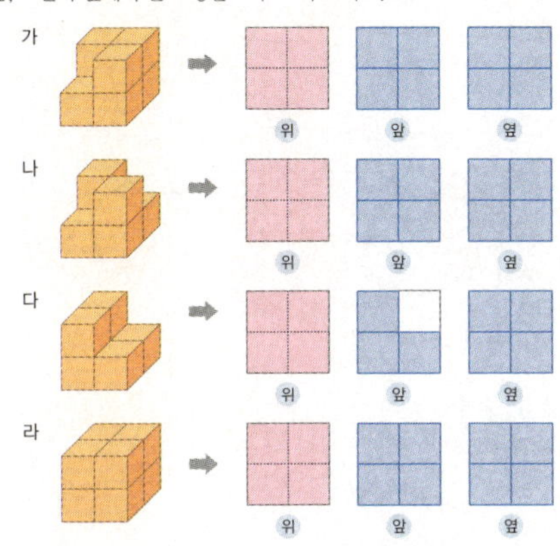

❷ 위, 앞, 오른쪽 옆에서 본 모양이 다른 하나를 찾아 기호를 쓰시오. 다

[옆 모양이 다른 것]

1 오른쪽 옆에서 본 모양이 다른 하나를 찾아 기호를 쓰시오. 다

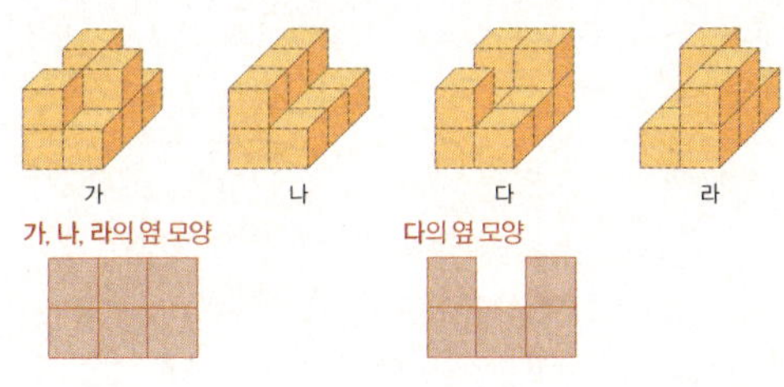

[세 방향의 모양이 같은 것]

2 다음 모양에 쌓기나무 1개를 더 쌓아서 위, 앞, 오른쪽 옆에서 본 모양이 모두 같게 만들려고 합니다. 쌓기나무를 ①, ②, ③ 중 어디에 쌓아야 합니까? ③

위에서 본 모양은 세 경우가 다 똑같이 생겼어.

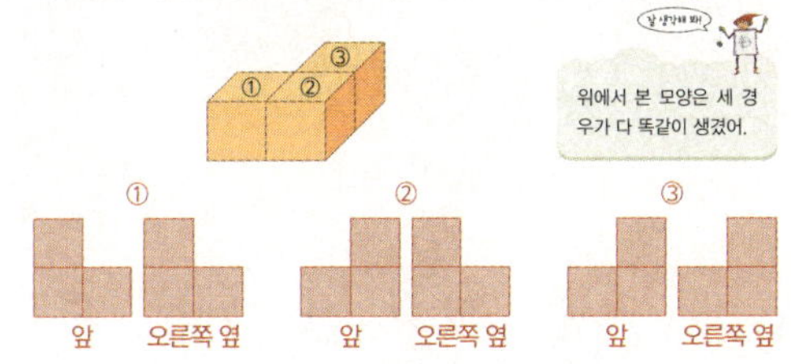

82
83

11 쌓기표

깔끔하게 정리하는 것을 좋아하는 초이는 마트의 창고 정리를 도왔습니다. 초이는 과자 상자를 차곡차곡 정리하며 쌓다가 좋은 생각이 떠올랐습니다.

각 자리에 쌓여 있는 상자의 수를 맨 위 상자 윗면에 쓰면 숫자만 봐도 몇 층인지 알 수 있겠는 걸?

다음은 초이와 같은 방법으로 쌓은 상자를 위에서 본 모양입니다. 상자는 모두 몇 개입니까? 15개

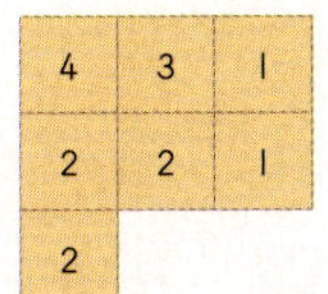

4	3	1
2	2	1
2		

$4+3+1+2+2+1+2=15$(개)

❶ 오른쪽 그림은 왼쪽 쌓기나무 모양을 위에서 본 모양입니다. 모양의 각 칸에 그 칸 위에 쌓아올린 쌓기나무의 수를 써넣으시오.

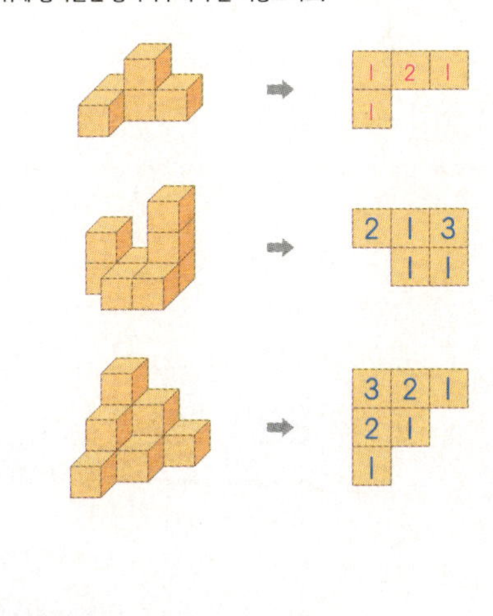

쌓기나무로 쌓은 모양을 위에서 본 모양의 각 칸에 쌓은 쌓기나무의 수를 써넣은 것을 쌓기표라고 합니다.

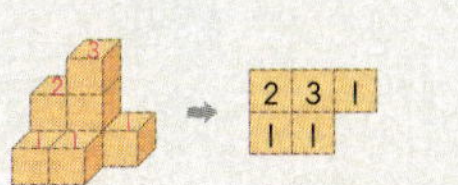

84·85

쌓기표 모양 찾기

꼬마 요괴들이 쌓기나무로 여러 가지 모양을 만들었습니다. 쌓기표를 보고 꼬마 요괴들이 만든 모양을 오른쪽에서 찾아 선으로 이어 보시오.

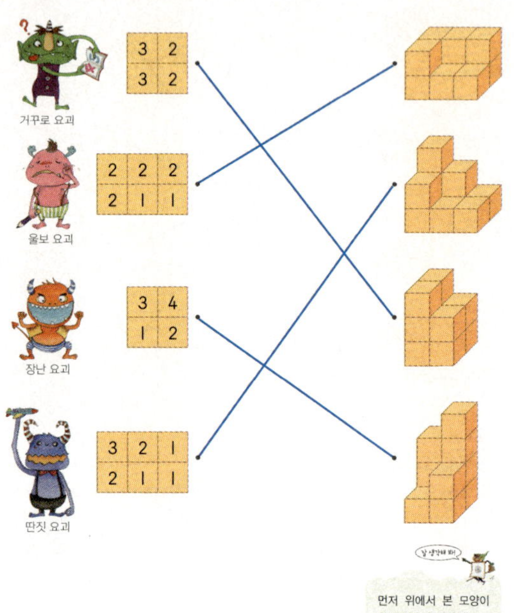

먼저 위에서 본 모양이 같은 것을 찾아야지!

[쌓기표에 맞는 모양]

1 다음 쌓기표를 보고 알맞은 쌓기나무 모양의 기호를 쓰시오. 나

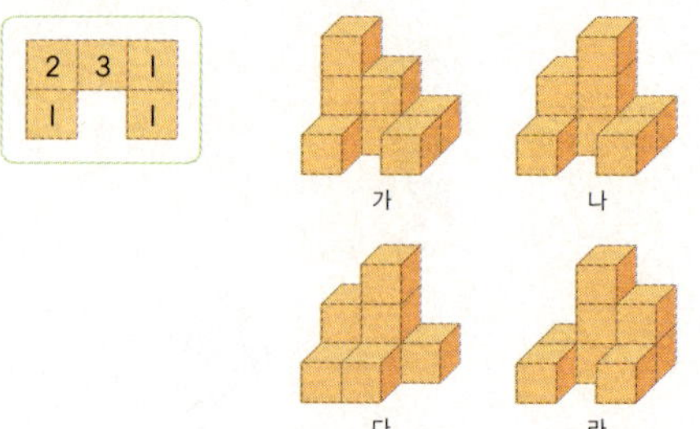

[쌓기나무를 추가한 쌓기표]

2 왼쪽 모양에 쌓기나무 2개를 더 쌓은 후 오른쪽 쌓기표를 만들었습니다. 왼쪽 모양에서 쌓기나무 2개를 더 쌓은 곳을 찾아 윗면에 ○표 하시오.

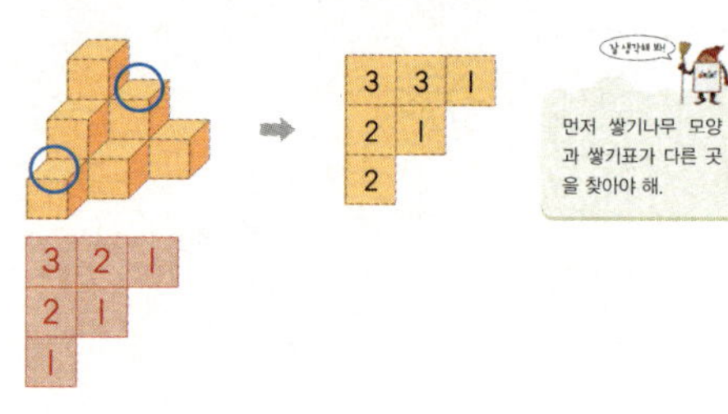

먼저 쌓기나무 모양과 쌓기표가 다른 곳을 찾아야 해.

86·87

쌓기표로 앞, 옆 그리기

오른쪽 쌓기표에 따라 쌓기나무를 쌓았습니다. 이 모양을 앞에서 본 모양과 오른쪽 옆에서 본 모양을 각각 그려 봅시다.

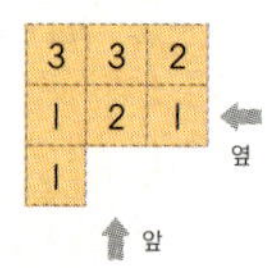

❶ 모양을 앞에서 볼 때 보이는 가장 높은 쌓기나무의 층수를 빈칸에 써넣으시오.

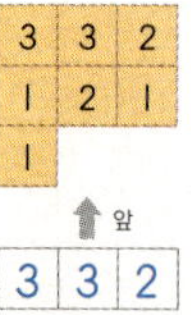

❷ 모양을 오른쪽 옆에서 볼 때 보이는 가장 높은 쌓기나무의 층수를 빈칸에 써넣으시오.

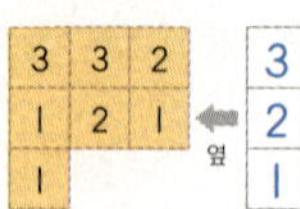

❸ 앞, 오른쪽 옆에서 본 모양의 층수는 각 줄의 가장 높은 쌓기나무의 층수입니다. 앞, 오른쪽 옆에서 본 모양을 각각 그려 보시오.

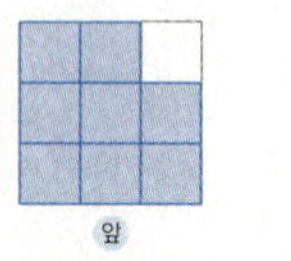
앞

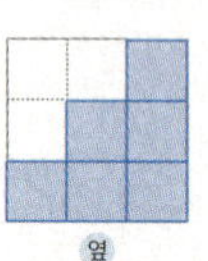
옆

[알맞은 앞, 옆 모양]

1 다음 쌓기표에 알맞는 쌓기나무 모양을 앞, 오른쪽 옆에서 본 모양을 각각 그려 보시오.

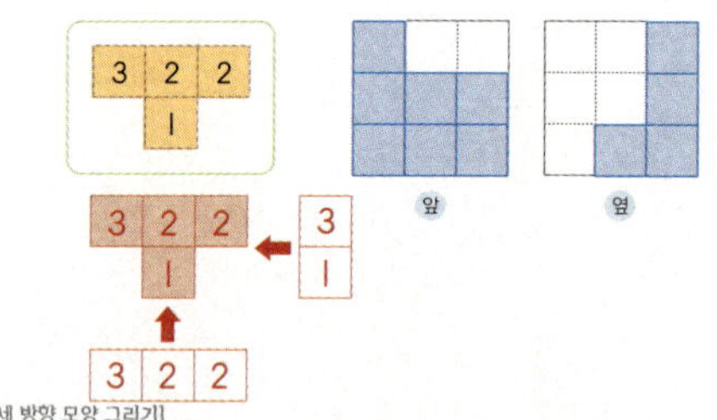

[세 방향 모양 그리기]

2 다음 쌓기표에 알맞은 쌓기나무 모양을 앞, 오른쪽 옆, 왼쪽 옆에서 본 모양을 각각 그려 보시오.

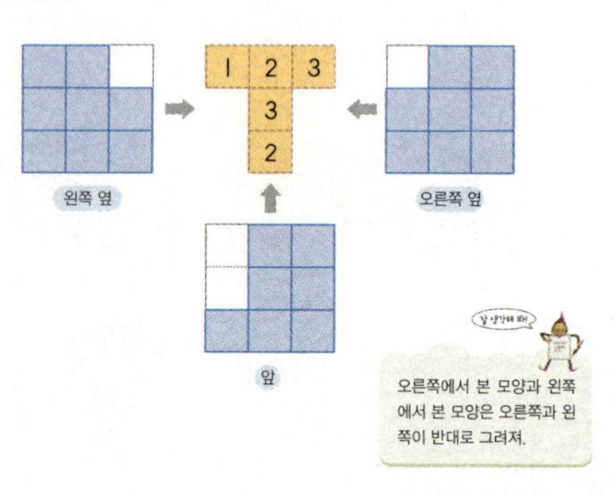

오른쪽에서 본 모양과 왼쪽에서 본 모양은 오른쪽과 왼쪽이 반대로 그려져.

88
89

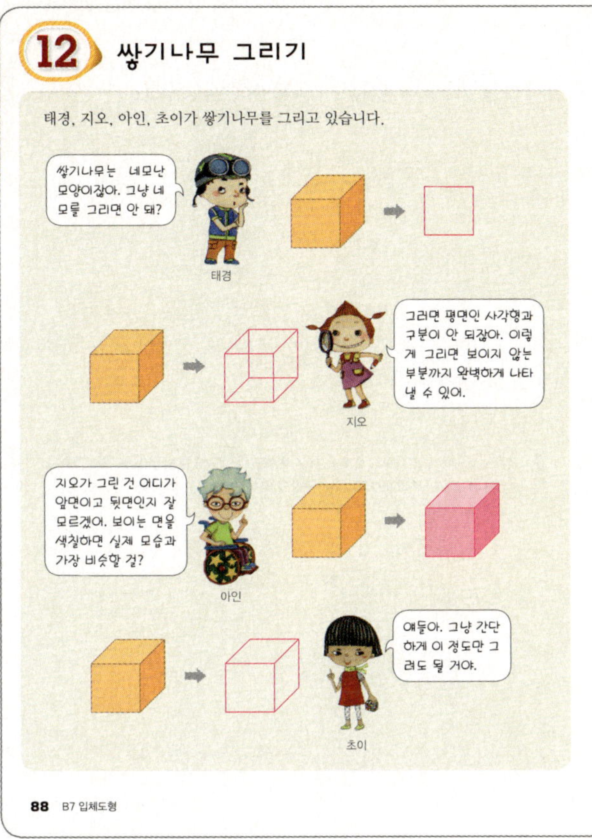

12 쌓기나무 그리기

태경, 지오, 아인, 초이가 쌓기나무를 그리고 있습니다.

88 B7 입체도형

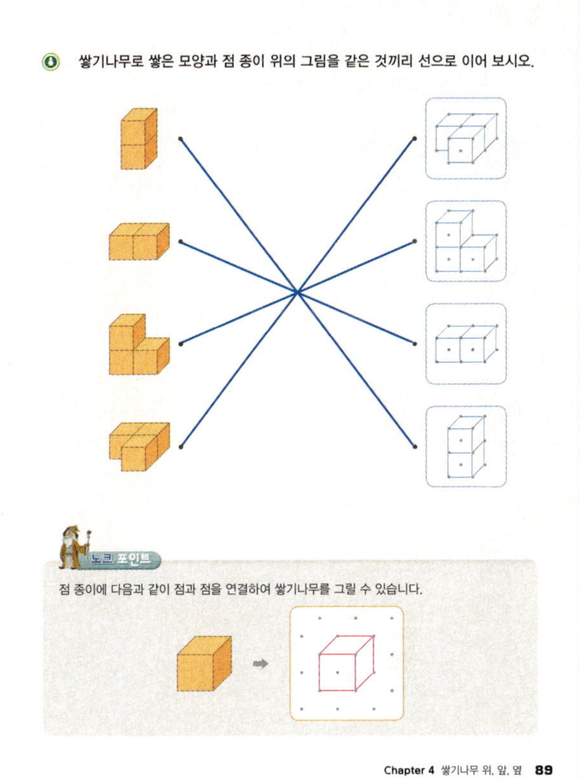

❶ 쌓기나무로 쌓은 모양과 점 종이 위의 그림을 같은 것끼리 선으로 이어 보시오.

노크 포인트

점 종이에 다음과 같이 점과 점을 연결하여 쌓기나무를 그릴 수 있습니다.

Chapter 4 쌓기나무 위, 앞, 옆 89

90
91

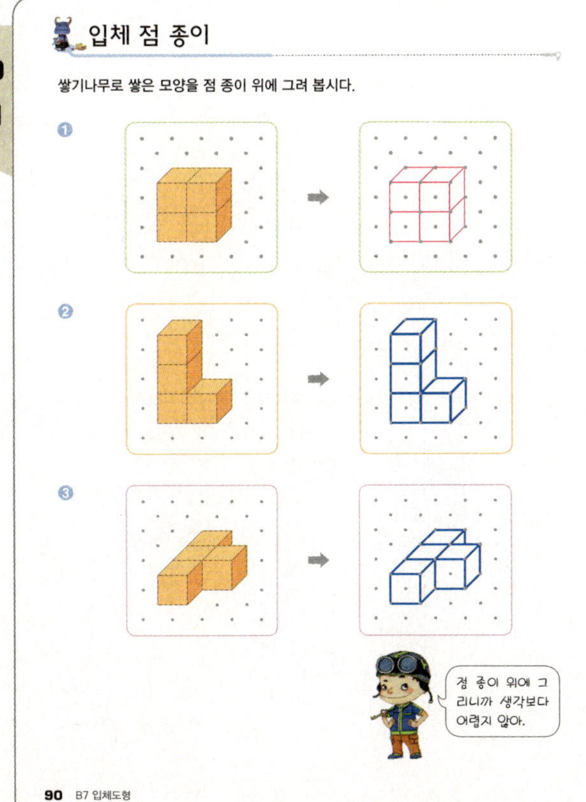

입체 점 종이

쌓기나무로 쌓은 모양을 점 종이 위에 그려 봅시다.

❶

❷

❸

90 B7 입체도형

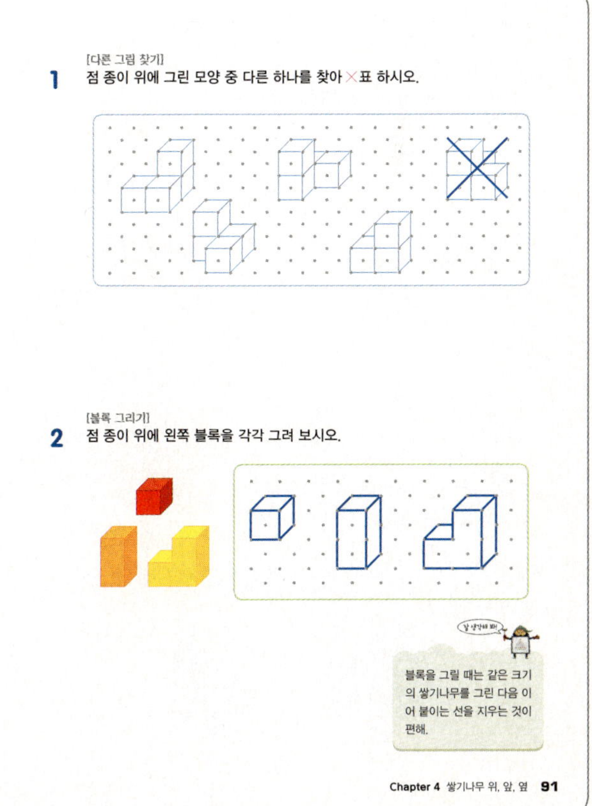

[다른 그림 찾기]

1 점 종이 위에 그린 모양 중 다른 하나를 찾아 ×표 하시오.

[블록 그리기]

2 점 종이 위에 왼쪽 블록을 각각 그려 보시오.

Chapter 4 쌓기나무 위, 앞, 옆 91

92·93

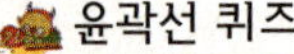

윤곽선 퀴즈

쌓기나무로 쌓은 모양의 그림에서 색을 뺀 다음, 테두리의 선만 남기고 안쪽 선을 모두 지웠습니다.

테두리의 선만 남기고 안쪽 선을 모두 지운 모양을 보고, 쌓기나무로 쌓은 모양을 찾아 선으로 연결해 봅시다.

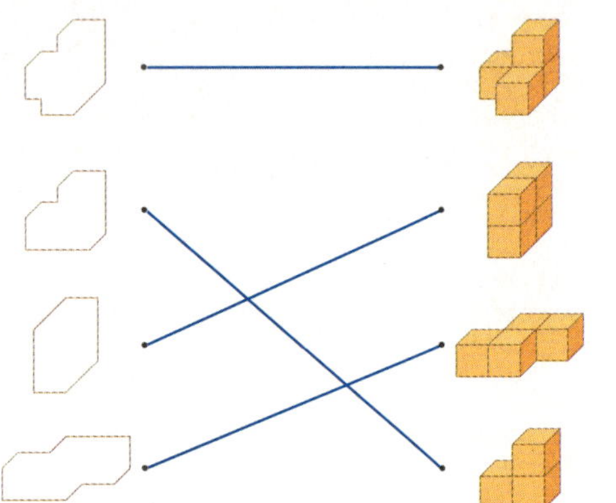

[점 종이 위의 윤곽선]

1 다음은 쌓기나무로 쌓은 모양을 점 종이 위에 그린 후 테두리의 선만 남기고 안쪽 선을 모두 지운 것입니다. 각각 쌓기나무 몇 개로 만든 모양입니까?

❶ 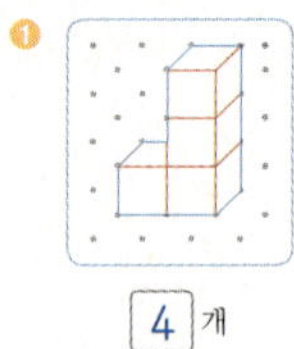

4 개

❷ 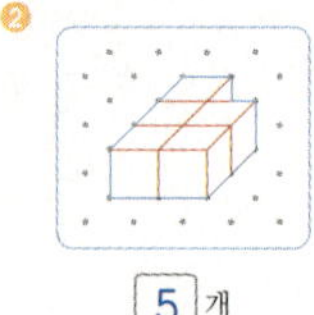

5 개

[실루엣 모양 찾기]

2 다음 실루엣의 모양과 같은 모양을 찾아 기호를 쓰시오. 가

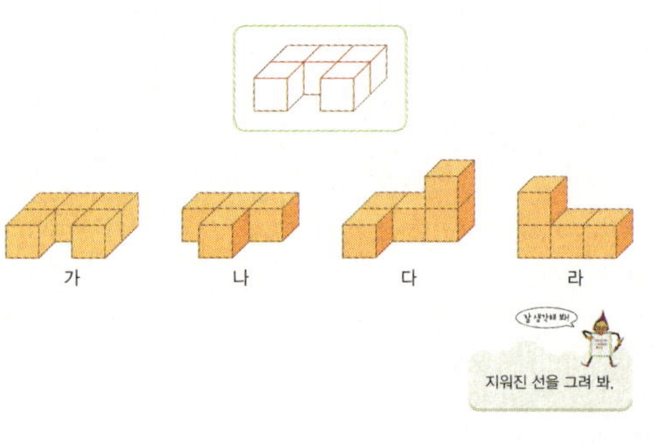

94·95

창의적 문제해결력

1 쌓기나무로 쌓은 모양을 앞, 오른쪽 옆에서 본 것을 보고 쌓기표를 완성하시오.

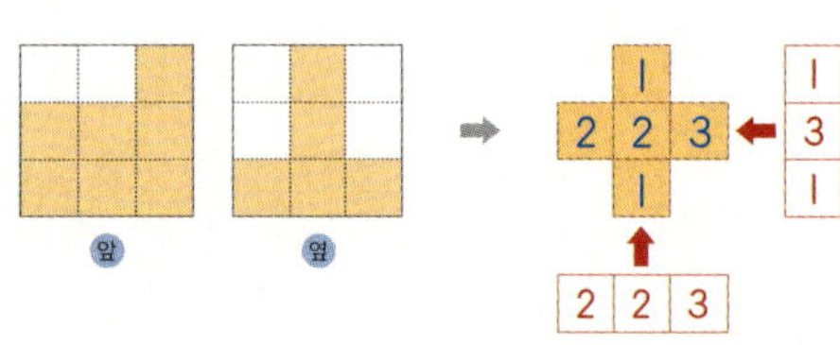

2 다음 모양에 쌓기나무 1개를 더 쌓은 모양을 위에서 본 모양이 될 수 있는 것을 찾아 기호를 쓰시오. 가

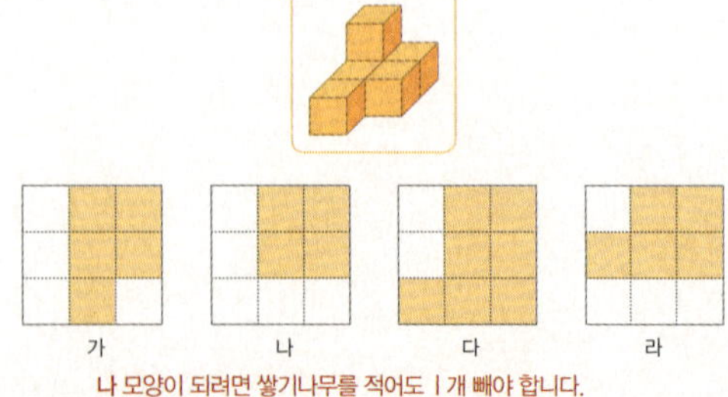

나 모양이 되려면 쌓기나무를 적어도 1개 빼야 합니다.
다 모양이 되려면 쌓기나무를 적어도 2개 더해야 합니다.
라 모양이 되려면 쌓기나무를 적어도 1개를 옮겨야 합니다.

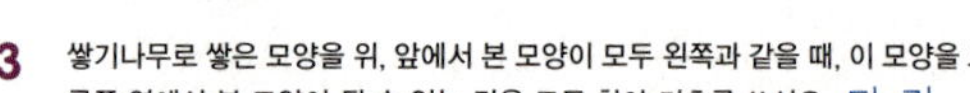

3 쌓기나무로 쌓은 모양을 위, 앞에서 본 모양이 모두 왼쪽과 같을 때, 이 모양을 오른쪽 옆에서 본 모양이 될 수 없는 것을 모두 찾아 기호를 쓰시오. 다, 라

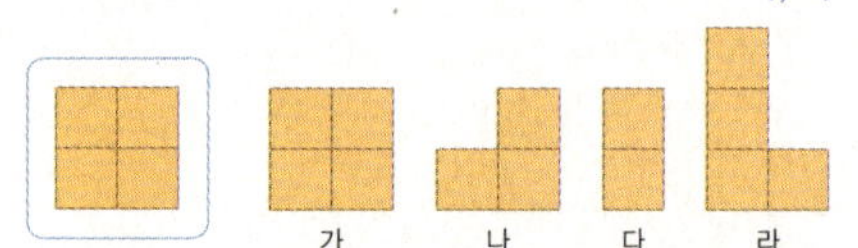

앞에서 본 모양이 최대 2층이면 옆에서 본 모양도 최대 2층이어야 합니다.

4 다음 쌓기표에 알맞는 쌓기나무 모양을 점 종이 위에 그려 보시오.

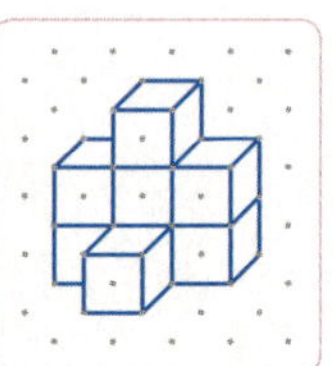

MEMO

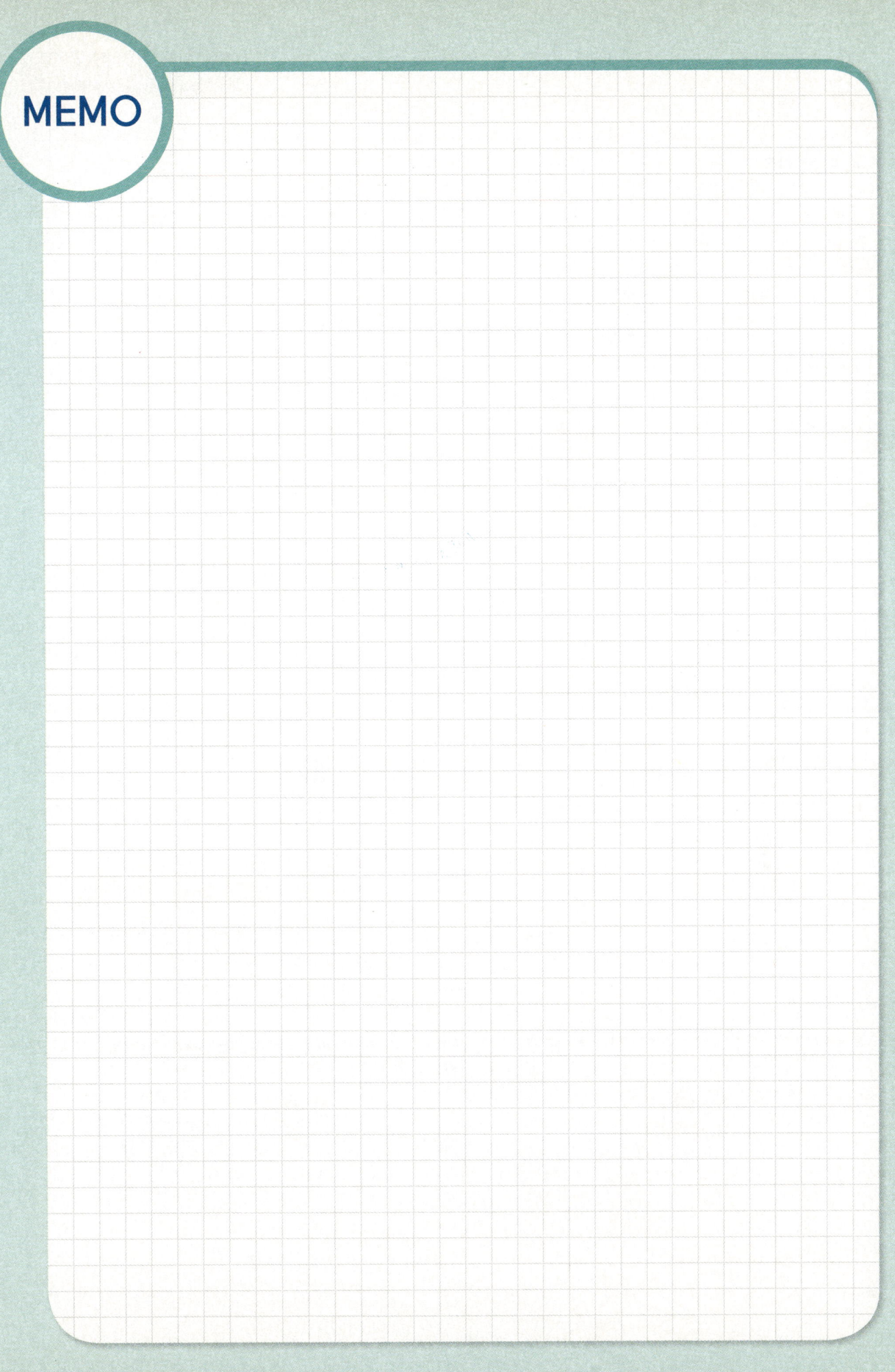

MEMO

MEMO

누구나 쉽고 재미있게
사고력
수학
노크

정답 및 해설

자르는 선

누구나 쉽고 재미있게

사고력 수학

노크

준비물 펼친 모양

34쪽에 사용하세요.

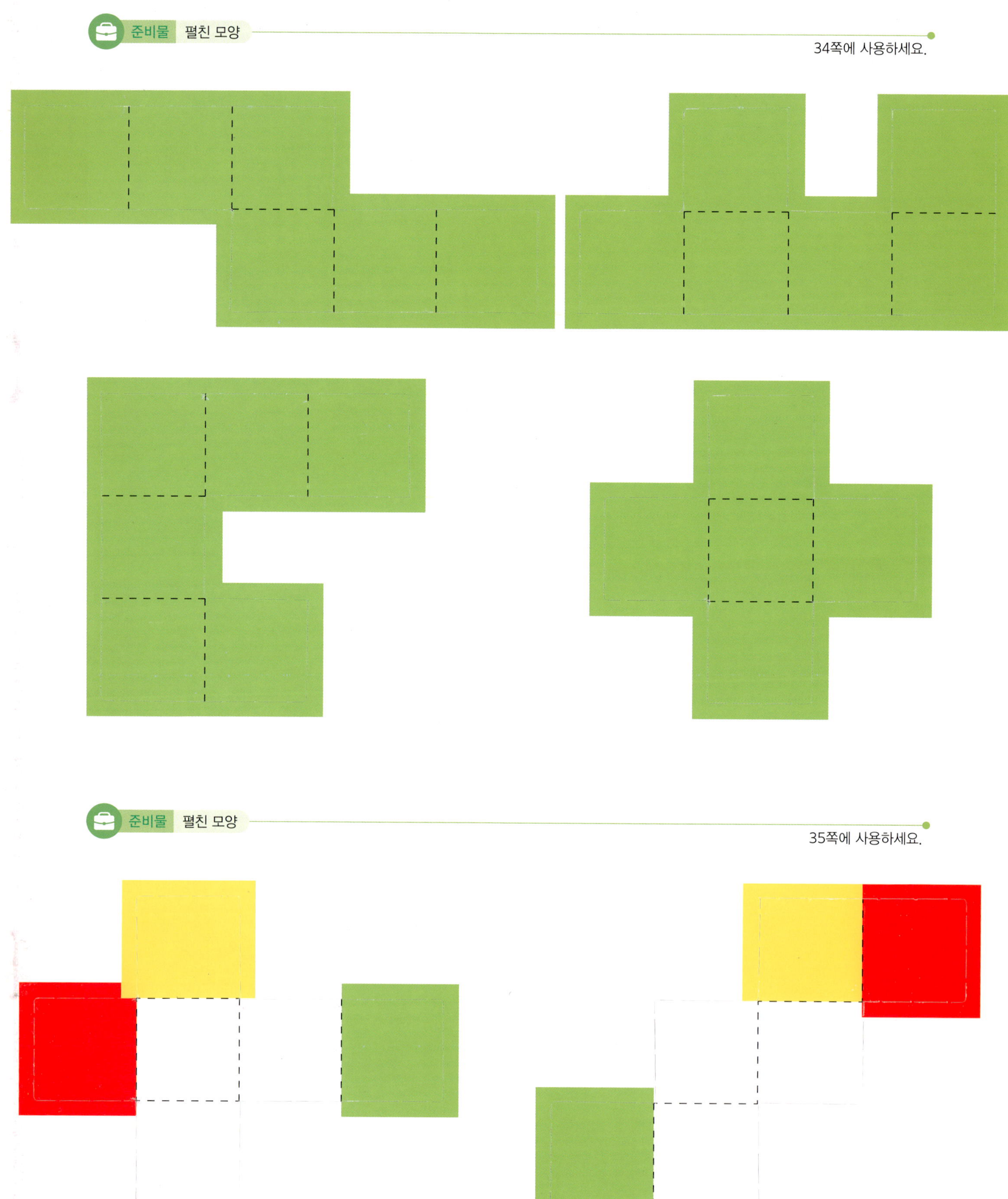

준비물 펼친 모양

35쪽에 사용하세요.

준비물 펼친 모양

35쪽에 사용하세요.

준비물 펼친 모양

36쪽에 사용하세요.